KB005178

힙하지 않고

인싸도 아니지만

KANSEI NO ARU HITO GA SYUKAN NI SHITEIRU KOTO
by SHOWKO
Copyright © SHOWKO 2022
Korean translation copyright ©2022 by SEOSAWON
All rights reserved.
Original Japanese language edition published by CrossMedia Publishing Inc.
Korean translation rights arranged with CrossMedia Publishing Inc.
through Lanka Creative Partners co., Ltd., Tokyo and BC Agency

이 책의 한국어판 저작권은 BC에이전시를 통해
저작권자와 독점계약을 맺은 서사원에 있습니다. 저작권법에 의해
한국 내에서 보호를 받는 저작물이므로 무단전재와 복제를 금합니다.

힙하지 않고
인싸도 아니지만

나만의
감성을 찾는
사소하고 확실한
습관들

쇼코(SHOWKO) 지음

오나영 옮김

관찰, 정리, 관점 바꾸기, 호기심, 결정

더 나다워질 내일을 위한 다섯 가지 감성 쌓기 습관

지사원

'감성'은 타고나는 센스도 재능도 아닙니다.

습관을 통해 배우고 익힐 수 있습니다.

정보가 넘치는 현대사회에서

'남에게 휘둘리지 않고 자기 중심을 지키는 것'은

간단한 일이 아닙니다.

그리고

'유행을 좇아 옷이나 액세서리를 산다'

'입소문만 듣고 볼 영화나 읽을 책, 갈 곳을 정한다'

'인기 있는 텔레비전 방송이나 동영상을 본다'

'다른 사람의 추천으로 취미 활동을 시작한다'

이렇게 유행에 민감한 것은 결코 나쁜 것이 아닙니다.

그러나

'자기에게 어울리는 옷을 잘 갖춰 입는다'

'개성이 넘치는 소품으로 공간을 꾸민다'

'남들은 모르는 자기만의 취향을 가지고 있다'

'열중하는 취미를 가지고 있다'

여러분 주변에 이런 멋진 사람이 있지 않나요?

그리고 그렇게 '자기다운' 삶을 살고 있는 사람을

어딘지 모르게 동경하고 있지는 않나요?

'나에게 어울리는 것'

'나만의 가치'

'나 자신에게 집중하는 마음가짐'

'내가 좋아하는 것'

이런 것들에는 모두 정답이 없습니다.

눈에 보이지 않는 가치를 느끼고,

정답이 없는 것에서 정답을 찾아가는 힘이야말로

'감성'이라 할 수 있습니다.

하지만 감성이라는 말을 들으면

'나에게 그런 센스는 없어'라고

생각하는 사람이 많습니다.

감성이란 타고난 능력이나 재능 같은 것이라서

자기에게 그런 것은 없다고 처음부터 포기하는 거죠.

그렇지만
'감성'은 특별한 사람만의 것이 아닙니다.
관찰, 정리, 관점의 변화, 호기심, 결정
이 다섯 가지 습관을 통해 키울 수 있습니다.

일상을 조금 바꾸는 것만으로
자연스럽게 감성을 키울 수 있습니다.
그리고 자기 자신답게 살아가기 위한 기준을
손에 넣을 수 있습니다.
그 방법을 여러분께 알려 드리려 합니다.

차례

2장

흔들리고 있음을 알게 되는 '정리하는 습관'

3장

매사를 다각적으로 인식하는 '관점을 바꾸는 습관'

4장

새로운 세계를 접하게 하는 '호기심을 가지는 습관'

5장

자신의 감각을 믿는 '결정하는 습관'

감성적인 사람은
나만의 '정답'을 찾아낸다

'자기에게 어울리는 옷과 액세서리를 한다.'

'누군가를 만날 때 센스 있는 선물로 상대의 마음을 사로잡는다.'

'타인을 배려할 줄 알고, 분위기를 잘 파악하며, 일을 빠르게 습득한다.'

'미묘한 위화감을 감지하고 참신한 아이디어를 낸다.'

'양호한 인간관계를 유지하고 일에서도 좋은 실적을 낸다.'

제 주변에는 이처럼 롤 모델이 될 만한 사람들이 많습니다. 저와 20년 이상 알고 지낸 한 친구는 어떤 옷이 자신에게 어울리는지를 잘 알고, 나이가 들어도 한결같은 이미지로 젊은 모습을 유지하고 있습니다. 그 친구 집의 인테리어를 보면 친구의 분위기가 고스란히 느껴지고 소품 하나하나가 아름다워서 저도 모르게 탄식을 내뱉곤 합니다.

또 다른 친구는 짧은 대화만으로도 상대방의 성격과 기질을 이해합니다. 타인을 평가하고 비판한다는 뜻이 아닙니다. 상대방을 이해하고 바른 태도로 대해서 늘 좋은 관계를 만들어 나가는 겁니다. 이 친구의 사교 능력에는 항상 품위가 느껴집니다. 그래서 그의 주위에는 언제든지 도움을 주려는 친구들이 많습니다.

어떤 지인은 결단이 빠른 미니멀리스트입니다. 그는 자기 인생에서 필요한 것을 빠르게 판단하고 행동에 옮기는 심플하고 멋진 삶을 살아가고 있습니다.

'자기 자신에 관한 이해도가 높고 자기만의 가치관으로 판단을 내린다.'

'다른 사람의 섬세한 감정을 이해하고 인간관계를 주체적으로 만들어 간다.'

'자신에게 필요한 것과 불필요한 것을 판단하고 결정한다.'

이렇게 정답이 없는 것들로부터 스스로 정답을 찾아내는 사람이 진정으로 '감성적인 사람'입니다. 감성이란 단지 '센스가 좋다'는 표면적인 것이 아닙니다. 바로 그 사람의 '삶의 방식'에 관한 것입니다.

감성을 고양시키는 능력은
타고난 재능이 아닌 '습관'

그렇다면 감성은 어떻게 키우는 것일까요?

'감성은 좋은 가정환경에서 자란 사람만 가지는 것이다.'
'타고나는 능력이라서 후천적으로는 길러지지 않는다.'
'젊은 사람에게나 있는 것이므로 나이가 든 후에는 소용없다.'
'일과 육아에 바빠서 자기 자신을 연마할 시간이 없다.'
'무엇부터 시작해야 할지 모르겠다.'
'그냥 자신이 없다.'

세상의 모든 부정적인 말을 모아 둔 듯하네요. 하지만 감성을 키우는 데에는 특별한 환경이 필요하지 않습니다. 감성은 일상적인 '습관'에 의해 길러집니다. 저도 습관을 통해 감성을 키워 왔습니다.

저는 삼백 년간 대대로 이어져 온, 교토의 도예가 집안에서 태어났습니다. 본가에는 공방이 있어서, 다기인 말차 다완과 물그릇 등의 도예 작품을 제작해 왔습니다. 그리고 저도 2011년부터 도자기 소재를 이용한 작품 활동을 생업으로 삼아 밀라노와 파리 등 유럽, 중국과 대만 등에서 전시회를 열고 있습니다.

이런 저에게도 타고난 감성이 있었던 것은 아닙니다. 저는 스무 살이 될 때까지 도예가가 되고 싶다는 생각은 한 적도 없습니다. 한동안 저희 집안에서는 대를 이을 아들이 태어나지 않던 때가 있었습니다. 그래서 제 할아버지와 아버지는 결혼 후 데릴사위로 저희 집안에 들어와 도예가가 되어 대를 이었습니다. 말하자면 두 사람 모두 어릴 때부터 도예가 교육을 받고 자란 사람이 아니었던 것입니다. 저도 가업을 이어야 하는 입장이 아니었기 때문에 미대에 진학하지 않았고 스스로 도예의 길을 선택하기 전까지는 전문적인 교육을 받은 적이 없습니다. 하지만 지금은 도예가로서 감성이 필요한 일을 하고 있습니다.

도예가의 세계는 무궁무진합니다. 식기 같은 일상적인

도구뿐만 아니라 호텔 입구를 장식하는 오브제, 사무실의 벽면 디자인 등 다양한 영역에서 제작과 감수를 하고 있습니다. 창작은 그야말로 정답이 없는 세계기 때문에 언제나 자신의 '감성'에 의지해서 자신만의 정답을 추구해야 합니다. 제가 이렇게 작품 활동을 하고 있는 것은 지금까지의 습관이 자양분이 되어 감성을 키울 수 있었기 때문입니다.

저는 가끔 그릇에 식물을 그려 넣곤 합니다. 제가 식물의 형태와 잎맥의 아름다움을 알게 된 것은 시력이 좋지 않아 어릴 때부터 사물을 가까이에서 보는 습관이 있었기 때문입니다. 도자기는 굽는 온도에 따라 부드러움이 달라집니다. 그 섬세한 차이를 느낄 수 있게 된 것은 제가 유약만 바른 단계부터 완성 단계까지 다양한 온도에서 구워진 그릇을 만져 보는 습관이 있었기 때문입니다. 그런 습관을 통해 얻은 지식과 경험이 쌓여 저만의 '감성'이 된 것입니다. 저는 지금도 일상 속에서 감성을 키우기 위해 매일의 습관에 공을 들입니다.

이처럼 감성이란 선천적인 것이 아니라, 오늘부터 당장 시작할 수 있는 일상적인 습관을 통해 점차 키워 나가는 것입니다. 감성을 키우는 습관을 몸에 익혀 자신만의 가능성을 이끌어 내는 것이 바로 이 책의 목적입니다.

'감성'이란
느끼고, 호흡하고, 축적하는 것

그렇다면 대체 '감성'이란 구체적으로 무엇을 의미하는 것일까요. 우리는 일상에서 종종 "저 사람, 감성적이네"라는 말을 하곤 합니다. 그럴 때 '감성적'이라는 말은 어떤 의미로 쓰이는 것일까요? 감성의 사전적 의미를 찾아보면 다음과 같습니다.

① 사물을 마음 속 깊이 느끼고 이해하는 움직임. 감수성. '―이 예민하다', '풍부한―'
② 외부의 자극을 받아들이는 감각적 능력

이를 정리하면 '외부의 자극을 느끼고 이해하는 능력과 그 기분'이라는 의미입니다.

인상파로 잘 알려진 폴 세잔이라는 화가가 있습니다. 그의 대표작인 〈사과와 오렌지가 있는 정물〉을 미술관에서 봤다고 가정해 봅시다. 이 작품을 무의식적으로 바라보기만 하면 '사과와 오렌지를 그린 그림'으로만 받아들이게 됩니다. 하지만 잘 관찰해 보면 원근법이 어긋나서 그릇이 휘어 있다는 것을 알 수 있습니다. 물론 이것은 화가가 일부러 그 효과를 의도한 것입니다. 이 그림에는 여러 시점에서 바라본 묘사가 섞여 있는데, 이것은 감상하는 사람이 그림의 중앙에 있는 사과에 집중하게 하기 위해서라고 합니다. 당시 이 기법은 매우 획기적인 것이어서 파블로 피카소, 조르주 브라크 등이 시작한 입체파에도 큰 영향을 끼쳤습니다.

'그림을 본다'는 외부로부터의 자극으로 우리는 무엇을 얻게 될까요? "아, 사과다"라고 단순한 생각을 하는 사람도 있는가 하면, 화가의 의도를 느끼고 깊은 감명을 받는 사람도 있을 것입니다. 그림의 세부적인 부분까지 관찰하려는 노력과 자극을 수용하려는 마음, 작품에 대한 흥미와 지식이 갖추어지지 않으면 깊은 감명을 얻기는 쉽지 않습니다. 즉 '감성적'이라는 것은 '외부에서 얻는 자극을 마음속 깊이 느끼고 이해한 후, 그것을 흡수하고 축적해서 자신의 기준으로 가치 판단하는 능력이 높다'는 것을 의미합니다.

감성적인 사람은
'다른 사람의 기분'을 살핀다

감성을 일깨우고 배양하려는 노력은 기획이나 디자인 같은 창의적인 일을 하는 사람은 물론이고 자기 기준이 확실하지 않아 고심하는 사람, 하루하루 살아가는 방식 자체를 고민하는 사람에게도 도움이 됩니다. 구체적으로 말하자면 감성을 키우면 다른 사람의 진심을 이해할 수 있게 됩니다. 다른 사람의 진심을 이해한다는 것은 상대가 지금 어떻게 마음을 쓰고 배려하고 있는가를 이해하는 것을 말합니다.

예를 들어 무더운 한여름에 지인의 집에 초대받았다고 상상해 봅시다. 현관에는 꽃이 장식되어 있는 데다, 그 꽃잎은 작은 물방울을 품고 있어 싱그러워 보입니다. 꽃잎이 자연히 물방울을 맺게 된 것일까요? 아닙니다. 손님을 조금이라도 더 아름다운 꽃으로 환영하기 위해 주인이 꽃을 준비하고 꽃잎에 물방울이 맺히도록 미리 준비해 둔 것입니다. 거실에 들어가니 다과를 대접받습니다. 파도 모양의 아름다운 젤리가 놓여 있습니다. 무더운 날에는 젤리의 파도 모양과 빛깔에서 시원함을 느낄 수 있겠지요? 이 또한 주인이 손님을 위해 일부러 준비했을 것입니다. 손을 닦는 데 쓰라며 내온 살짝 차갑게 식힌 물수건도 더욱 기분 좋게 느껴질 것입니다.

　　상대의 입장이 되어 그 상황을 이해한다면 나를 대접하기 위해 얼마나 마음을 쓰고 준비한 것인지 그 진심을 느낄 수 있습니다. 상대의 배려를 알아채고 감사의 마음을 전한다면 상대는 '말하지 않았는데도 내 마음이 잘 전해졌어!'라며 속으로 기뻐할 것입니다.

　　감성을 통해 배려를 알아차리고, 그에 대한 '감사 표시'를 하는 것은 무엇보다 중요한 일입니다. 그리고 '나를 위해 이렇게까지 배려하고 준비해 준 상대방의 마음'을 느낀다면 여러분도 큰 기쁨을 얻게 될 것입니다. 이것은 일을 하는 데 있어서도 마찬가지입니다. 영업상 고객의 집을 방문할 때 세심한 데까지 관찰하고 인테리어 등에서 고객의 취향이나 스타일을 파악하고 그 점을 칭찬하거나 화제로 삼으면 더욱 친밀하게 소통할 수 있습니다. 영업적인 테크닉이라기보다 인간으로서 그 사람과 관계를 맺는 관점으로 상황을 이해하는 것이지요.

　　상황을 기민하게 관찰하고 상대의 기분을 염두에 두는 '감성'을 지니고 있으면 상대방의 작은 마음 씀씀이뿐만 아니라 그것에 녹아 있는 의도들까지 눈치챌 수 있습니다. 그것은 좋은 인간관계를 만들어 내며, 사람들로부터 신뢰를 얻는 결과로 이어집니다.

감성적인 사람의
다섯 가지 습관

'감성'은 어떻게 몸에 익히는 것일까요. 제 주위에 있는 '감성적인 사람'들을 관찰해 보니, 공통적으로 '다섯 가지 습관'을 소중히 여긴다는 것을 알 수 있었습니다. 그것은 '관찰하는 습관', '정리하는 습관', '관점을 바꾸는 습관', '호기심을 가지는 습관', '결정하는 습관'입니다. 이 책에서 이 다섯 가지 습관을 이야기해 보려고 합니다. '감성'은 설명하기 어려운 것이기 때문에 추상적인 말이나 난해한 사상론으로 이어지기 쉽습니다. 따라서 되도록 구체적이고 간단하게 오늘부터 바로 실천할 수 있는 습관들을 소개할 것입니다.

● 관찰하는 습관

일상의 세세한 부분까지 시야를 넓혀 이제까지 미처 신경 쓰지 못했던 것들을 더 잘 알아보기 위한 습관입니다. 이 습관을 익히면 세상을 더욱 선명하게 바라보게 됩니다. 그 결과 지금까지 알아보지 못했던 감춰진 의도와 위화감을 느낄 수 있습니다.

● 정리하는 습관

주변과 자신의 마음을 정리하는 습관입니다. 이 습관을 몸에 익히면 관찰로 얻은 정보를 냉정하고 차분하게 이성적으로 이해할 수 있습니다.

● 관점을 바꾸는 습관

지금까지와는 다른 면에서 사건과 형태를 인식하고 해석하는 습관입니다. 이 습관을 익히면 상식에 얽매이지 않고 본질적인 발상을 할 수 있게 됩니다.

● 호기심을 가지는 습관

지금까지 관심을 기울이지 않았던 것들에 흥미를 가지기 위한 습관입니다. 이 습관을 익히면 자신이 '좋아하는' 범위를 확장해서 새로운 지식과 교양을 습득할 수 있습니다.

● 결정하는 습관

일상에서 마주하게 되는 자잘한 상황들을 뚜렷이 인지하고 선택하는 의식을 가지기 위한 습관입니다. 이 습관을 익히면 자신 안에서 판단의 잣대가 생기고 결단이 빨라지며 그 결정에 자신감을 갖게 됩니다.

이 다섯 가지 습관을 실천하면 서서히 내면에 '감성'이 자라날 것입니다.

감성은
'자기 기준'을 만들어 준다

'감성'을 키우는 일은 '자신감 있는 삶'으로 이어집니다. 가령 동경하던 회사에 들어가서 하고 싶었던 업무를 맡게 되었다고 가정해 봅시다. 신입사원일 때는 주위의 선배들에게 관심과 애정을 받으며 많은 것들을 배웁니다. 다양한 전문 서적을 읽기도 하고, 자격증도 따고 무엇 하나 허투루 하는 법 없이 지낼 것입니다.

그런데 그렇게 몇 년이 지나면 어째서인지 매너리즘에 빠집니다. 지금껏 익힌 지식과 기술만으로는 해결 방법을 찾아낼 수도 없는 상태가 됩니다. 이 이상 어떤 식으로 자신의 벽을 무너뜨려야 할지 모르겠고, 지금까지 해온 일을 계속하는 것이 자기에게 좋은 일인지 어떤지도 알 수 없는 상태가 되는 거죠. 그런 혼란스러움을 느낄 즈음이면 다른 이들의 조언과 회사의 흐름에 휩쓸려 버리는 지경이 되고 맙니다.

'선배에게 조금만 더 분발하라는 말까지 들었으니 열심히 해보자.'

'친구들도 모두 이직을 하고 있는데 나도 이제 슬슬 회사를 옮기는 게 낫지 않을까?'

우리의 삶은 수많은 선택의 반복으로 이루어집니다. 취직과 이직, 이사, 결혼과 같은 인생에 있어 비교적 큰일부터, 무엇을 먹고, 누구와 어울리고, 어떤 이야기를 나눌지와 같은 사소한 것에 이르기까지 말이지요. 우리는 매일 많은 선택 앞에서 갈등하고 무엇이 옳은 것인지 고민합니다. 그리고 그렇게 고민하다가 다른 사람들이 옳다고 하는 '타자의 기준'으로 결단해 버리는 경우가 있습니다. 그러나 사실 우리가 가장 바라는 것은 '자기 기준'이 있는 삶일 것입니다.

감성적인 사람은 자기에게 어울리는 스타일을 알고 있습니다. 감성적인 사람은 끊임없이 새로운 아이디어를 떠올립니다. 감성적인 사람은 자신의 기분뿐 아니라 다른 사람의 기분도 이해합니다. 그래서 주위의 의견에 혼란스러워하지 않고 자신이 꿈꾸는 인생을 살아갑니다. 즉 '자기 기준'을 가지고 사는 것입니다.

이 책에서 소개하는 습관들을 익히게 되면 세상을 바라

보는 관점과 수용하게 되는 것들, 그리고 생각하고 판단하는 방법 등이 바뀔 것입니다. 그 과정을 겪으면서 여러분의 내면에서 자신만의 판단 기준인 감성이 성숙해질 것입니다. 100퍼센트 올바른 길이란 존재하지 않습니다. 방황하거나 후회하지 않고 살아가기 위해서는 자기 기준을 가지고 결단을 내릴 수밖에 없습니다. 자기 기준은 언젠가 여러분의 삶을 결정해나가는 강한 힘이 될 것입니다. '감성'은 일상을 더 넉넉하게 받아들이고 풍요로운 인생을 살게 하는 이정표와 같습니다.

감성은 매일 '차곡차곡 쌓여' 갈고 닦아진다

'자기 기준'은 최신 트렌드를 좇고 베스트셀러를 읽고 유명한 인플루언서의 동영상을 본다고 해서 생기는 것이 아닙니다. 기준이라는 것은 '내가 직접 해봐야 아는 것'이기 때문입니다. 앞에서 말했던 것처럼 '감성'은 타고나는 자질이 아니라 매일의 습관을 통해 키워 나가는 것입니다. 제가 지금 이렇게 감성이 필요한 창의적인 일을 하고 있는 것도 지금까지의 경험과 습관을 통해 감수성을 조금씩 키우고 소중히 해왔기 때문입니다.

여러분도 감성을 눈뜨게 하는 습관이 생활 속에 자리 잡을 수 있도록 실천해 봅시다. 지금까지 꼭꼭 닫혀 있던 감각을 활짝 열고 여러모로 활용하게 되면 그 능력은 점점 향상될 것입니다. 감성은 하루하루 차곡차곡 쌓여 성장합니다. 내 마음 깊은 곳에 숨겨진 '감성'을 찾아 나서는 여행을 지금부터 시작하겠습니다.

8
서
장

감성을 키우는

다섯 가지 습관

앞에서 이야기했듯

감성은 다섯 가지 습관을 통해 키울 수 있습니다

본편으로 들어가기 전에

이 다섯 가지 습관에 대해서

조금 더 자세히 설명해 보겠습니다.

하나.

감성을 키우는 첫 번째 습관은 아주 작은 변화나 위화감도 놓치지 않고 알아챌 수 있는 '관찰하는 습관'입니다. 매일매일 일상생활을 의식적으로 하고 지금까지 눈길을 주지 않았던 것들을 주의 깊게 바라보면서 일상을 더욱 선명하게 들여다보는 것입니다. 제대로 들여다보는 순간, 세상이 우리에게 주는 정보량은 단번에 늘어납니다.

에도 시대1603년부터 1867년까지 일본의 봉건 사회 시기 중기 교토의 인기 화가였던 이토 자쿠추伊藤若冲는 동식물 세밀화에 능했습니다. 그는 동식물 채색화를 그릴 때 집에서 기르는 닭을 하루 종일 관찰했다고 합니다. 실제로 살아 있는 닭을 꾸준히 관찰했기에 깃털 하나하나, 꼬리털 끝의 세세한 모양까지 생동감 있게 그려 냈습니다.

일상생활에서도 미각, 후각, 시각, 청각, 촉각에 집중하며 창밖의 풍경을 바라보노라면 여러 가지 것들을 새롭게 깨닫게 됩니다. '나무들이 미세하게 흔들리고 있네. 바람이 약하게 불고 있나 보다', '강물 흐르는 소리가 여느 때보다 크게 들리는데 지난 밤 비가 내렸나?' 이런 것들 말이지요. 이것은 미의식의 기준에 세밀하게 눈금을 새기는 것이라 할 수 있습니다. 일상에서 일어나는 모든 일을 '의식적'으로 감지하는 습관을 들이면 작은 변화나 위화감, 매력 등을 눈치채는 감수성이 깊어집니다. 이것이 바로 감성을 키워 나가는 첫발입니다.

감성을 키우는 두 번째 습관은 공간과 마음을 '정리하는 습관'입니다. 물건이 가득한 장소에서는 마음이 어수선해지고 밝은 기분이 사라져 단순한 생각도 어려워집니다. 그 때문에 일상 속의 미묘한 부분을 알아채지 못하기도 하고, 자기도 모르게 감정적인 상태가 되어 일을 그르치기도 합니다. 매일을 기분 좋게 보내기 위해서라도 잡념 없는 마음을 유지하도록 노력해 봅시다.

이것은 억지로 긍정적으로 행동해야 한다는 의미가 아닙니다. 살다 보면 좋은 날도, 나쁜 날도 있습니다. 항상 좋은 기분으로만 있을 수도 없습니다. 그럴 때는 일단 눈을 감고 지금 내 마음의 상태를 들여다봅시다. 상사나 거래처, 연인이나 가족, 친구, 기쁜 일과 화가 나는 일을 떠올리면 여러 가지 감정에 휩싸이는 것을 느끼게 될 것입니다. 중요한 것은 '아, 나는 지금 슬프구나', '지금 고민하고 있구나' 하고 부정적인 감정을 자각하고 그것을 일단 받아들이는 것입니다. 받아들인 후 마음이 무기력하게 가라앉는다면 잠깐 산책을 나가 보는 것도 좋습니다. 조바심이 나고 초조한 상태라면 마음이 차분해질 때까지 등산이나 트래킹을 하면서 혼란스러운 감정들을 옆으로 밀어 놓고 마음을 정돈해 봅시다.

공자는 《논어》에서 "사십이 되면 모든 것에 미혹되지 않는다"고 했습니다. 그러나 인간은 늘 마음이 흔들리고, 망설이며, 실수를 반복하면서 살아가는 존재입니다. 부정적인 감정을 자각하고 받아들임으로써 자기 나름대로 심신을 가다듬는 방법을 알아 가는 나이가 '불혹'이 아닐까요? '불혹'은 '흔들리지 않는 것'이 아니라 '흔들리고 있음을 아는 것'이라고 생각합니다. 주변의 물건을 줄이고 잡다하게 늘어져 정리 정돈되지 않은 장소를 차분히 치우면서, 스스로 답답했던 감정과 마음도 정리해 봅시다. 눈앞을 흐리게 하던 장애물을 치우고 사물을 바라보면 보다 본질적인 선택이 가능해질 것입니다.

세 번째 습관은 '관점을 바꾸는 습관'입니다. 상대의 관점과 제삼자의 관점, 하늘을 나는 새처럼 위에서 전체를 내려다보는 관점 등 새로운 관점으로 사물을 파악해 봅시다. 세상의 모든 일은 다면적이니까요. 아이들의 싸움이든 국가 간의 전쟁이든 상대의 입장이 되어 바라보면 전혀 다른 방식으로 이해하게 됩니다. 자신의 감성에 따라 내린 판단이 사실은 직감과 선입견, 표면적인 정보 등 고정적 관점에 의해 좌우됐을 수도 있습니다.

'여성이니 감정적일거야.'

'아티스트니까 논리적이지 못할 거야.'

'젊어서 아직 경험이 부족할 거야.'

이처럼 우리는 상황을 주관적으로 보기 쉽습니다. 이런 주관은 '인지의 차이'나 '편견'의 영향을 받습니다. 이런 것들에 사로잡히지 않고 상황이나 사물을 바르게 파악하기 위해서는 여러 관점에서 사물을 바라보는 습관이 필요합니다. 매사를 다각적으로 인식할 수 있도록 의식적으로 관점을 바꾸는 습관을 가져 보세요.

특히 여러분께 권하고 싶은 방법은 무슨 일이든 조금 떨어진 곳에서 '조감하며' 바라보는 것입니다. 이것은 비즈니스에서도 필요한 자세입니다. 이 외에도 상대의 입장이 되어 보거나 제삼자의 입장이 되어 보며 관점을 반전시키는 등 다양한 방법이 있습니다. 관점을 의식적으로 바꾸어 보면 사물을 다양하게 해석할 수 있고, 일반론과 선입견의 영향에서 자유로운 감성을 키울 수 있습니다.

넷.

네 번째 습관은 '호기심을 가지는 습관'입니다. 감성적인 사람은 자신의 일 이외에 취미를 가지고 있습니다.

제가 도예를 시작하는 계기를 만들어 준 친구의 아버지는 제품 디자이너라는 직업과 별개로 사진이라는 취미를 가지고 있었습니다. 세부섬에 오가며 다이빙 사진을 찍었고, 무려 백 개 이상의 카메라 렌즈를 가지고 있었습니다. 프로 사진작가들도 울고 갈 수준이었어요. 간호사인 한 친구는 출산 후에 아이에게 '실바니안 패밀리'라는 동물 인형을 사 준 것을 계기로 수집가가 되었습니다. 지금은 방 하나를 수백 개의 인형으로 가득 채우고 인형 옷도 직접 만들고 있습니다.

감성은 자기의 영역과는 다른 세계의 영향을 받으며 더욱 다채롭고 풍성해집니다. 그 새로운 세계의 입구에 서게 해주는 것이 바로 '호기심'입니다. 호기심을 품는 대상은 업무적인 것에 국한되지 않습니다. 문화와 취미, 놀이로 이어지는 것도 좋고 심지어 아무 도움이 되지 않는 것이라도 괜찮습니다. 오히려 '업무상 도움이 되니까'라는 생각으로 시작하면 시야가 좁아지고 집중하기 어려울 수도 있습니다. 중요한 것은 자발적이고 능동적으로 꾸준히 하는 것입니다. 즉 자신의 마음이 끌리는 대상에 집중하는 것입니다.

일례로 우표를 모으거나, 하늘 사진을 찍거나, 버섯에 관한 도감을 읽고 이름을 외우거나, 감정을 표현하는 문장을 생각해 보거나, 술맛을 다양한 방식으로 표현하는 것들이 있습니다. 이런 것들은 지금까지 제가 경험해 본 취미입니다. 솔직히 자신이 어떤 것에 몰두할 수 있을지는 그 일을 해보기 전까지는 알 수 없습니다. 그렇기 때문에 다양한 일에 호기심을 품어 보는 습관이 중요합니다.

가슴이 설레는 일을 발견했다면 분명 호기심은 거기서부터 그 주변의 세계로까지 확장될 것입니다. 이런 호기심은 수십 년간 계속될지도 모릅니다. 또한 사물뿐만 아니라 땅이나 인간, 그리고 깊이 사랑하는 것의 의미 같은 것에 대해서도 깨닫게 해줄 것입니다. 간단한 것이라도 좋습니다. 무언가에 몰입할 수 있다면 생각지 못한 세계가 펼쳐질 것입니다. 그리고 그런 과정이 독자적인 감성을 키우는 계기가 될 것입니다.

다섯.

마지막 다섯 번째 습관은 '결정하는 습관'입니다. 경마 해설자와 점술가 사이에는 한 가지 공통점이 있습니다. 전혀 다른 두 직업의 공통점은 무엇일까요?

그것은 '단언한다'는 점입니다. 여러분이 점을 보러 갔는데 점술가가 "음…… 이 즈음에 이별할 일이 있을 수도 있고 없을 수도 있어요"라고 말한다면 점을 보러 간 의미가 있을까요? 어느 쪽이든 좋으니까 확실히 말해 줬으면, 하는 생각이 들지 않을까요? 점술가처럼 정답이 없는 세계에서 활약하는 사람은 단호하게 결정하고 자신의 선택을 확신해야 합니다.

그 예가 어패럴 브랜드인 'ANREALAGE언리얼에이지'의 디자이너 모리나가 구니히로입니다. 그는 새로운 기술을 이용해 세상에 없던 혁신적인 신작들을 만들어 내고 있습니다. 그렇게 유행에 좌우되지 않는 작품이 만들어지는 것도 그의 내면에 단단하게 자리 잡은 '중심'이 존재하기 때문입니다. 이 중심을 만들어 내기 위해서는 자신의 감각을 믿고 작은 일이라도 스스로 선택하고 판단하고 결단해야 합니다.

그러나 많은 사람이 요즘을 '결단이 어려운 시대'라고 느끼고 있습니다. 앞으로 어떻게 해야 할지 확신을 가지기 못하고 실패를 두려워하면 SNS를 통해 가시화된 수많은 선택지나 사회와 다른 사람들의 의견에 휩쓸리게 되고, 새로운 도전은 점점 더 어려워집니다. 하지만 외부에서 강요받은 판단의 기준은 자신 안의 판단축인 '감성'의 양분이 될 수 없습니다.

모리모토 가오루의 희곡 《여자의 일생》에는 이런 대사가 있습니다.

"누가 선택해 준 것이 아니야. 스스로 선택하고 걸어온 길인 걸. 틀렸다는 것을 알았다면 스스로 다시 바로잡아야 해."

중요한 것은 '정답을 선택하는 것'이 아닙니다. '결정'하기 위해서는 그 결정을 지지하는 충분한 지식과 경험이 필요합니다. 그러나 이런 토대가 있다고 해도 미래를 '결정하는 것'은 매우 어려운 일입니다. 왜냐하면, 정답은 하나가 아니기 때문입니다. '스스로 결정'하는 것, 그리고 결정한 것을 '정답'으로 만들어 가려는 의지가 중요합니다. 결단력은 근력입니다. 짧은 시일에 익혀지는 것이 아닙니다. 사소한 일을 마주할 때도 '결정하기'를 습관화해서 지속적으로 조금씩 갈고 닦아 나아갈 필요가 있습니다. 예측하기 어려운 세상이지만 명확한 의지를 가지고 결정하는 일은 감성을 키우기 위해 꼭 필요한 습관입니다.

감성적인 사람이 되기 위한 다섯 가지 습관을 소개했습니다. 이제 이 다섯 가지 습관을 기를 수 있는 구체적인 일상 습관들을 소개하겠습니다. 어느 장부터 읽어도 좋습니다. 실천하기 쉬운 것, 실천해 보고 싶은 것부터 편하게 읽어 보기 바랍니다.

**1
장**

미묘한 차이에 반응하는

'관찰하는 습관'

감성적인 사람은
자기 주변의 사소한 것들과 변화를
무척 잘 감지합니다.
그래서 같은 것을 보고 있어도
다른 것을 눈치채고
여러 감각과 감정을 느끼게 됩니다.

이를 위한
'관찰하는 열세 가지 습관'을
살펴봅니다.

피부의 감각을 통해
기온 예상해 보기

요즘 스마트폰은 일상에서 빼놓을 수 없는 물건이 되었습니다. 정보 검색이나 업무를 위한 연락, SNS를 통한 근황 나누기, 건강 관리와 쇼핑 결제에 이르기까지, 일상의 많은 일을 스마트폰으로 하고 있지요. 매일 외출 전에 스마트폰으로 오늘 날씨와 기온을 확인하는 사람들도 많습니다. 바쁜 아침 시간에 빠르게 날씨 애플리케이션을 이용하는 것은 합리적인 행동입니다. 하지만 감각을 활용할 기회, 즉 관찰할 기회를 잃는 것일 수도 있습니다. '관찰하는 습관'은 감성을 키우는 데 꼭 필요한 요소입니다. 그런 만큼 몸의 감각을 예리하게 만드는 습관이 중요합니다.

인간의 감각기관은 매우 우수해서, 의식하는 현상에 따라 관련된 모든 정보를 감지할 수 있습니다. 유리컵에 든 차가운 음료를 마실 때를 상상해 봅시다. 컵을 잡았을 때 손바닥에 전해지는 냉기나 유리컵 표면에 맺힌 물방울이 손에 닿는 느낌을 먼저 떠올릴 것입니다. 그다음, 컵을 입까지 가져다 대는 동안 손과 팔 전체에서 느끼게 될 컵의 무게를 생각하게 되겠지요. 음료를 마시는 동안 입술에 닿는 컵의 두께나 음료가 흐르지 않도록 컵에 닿은 입술에 힘을 더하는 느낌도 상상할 수 있습니다. 입 속에서 냉기를 느낌과 동시에 '미각'이 작동하게 될 것이고, 음료의 온도에 따라 목을 통해 식도에 도달할 때까지 차가움을 계속 느낄 것입니다.

이처럼 일상적인 행동 하나에도 사람은 다양한 정보를 감지하게 됩니다. 평상시라면 다른 일들에 신경을 쓰느라 이렇게 세세한 것들을 감지할 겨를이 없을지도 모르지만, 가끔은 의식적으로 감각을 하나하나 느껴 보는 건 어떨까요?

휴일 아침, 창문을 열고 부드러운 바람을 피부로 느끼면서 '기온은 몇 도고 습도는 얼마나 될까?'를 생각해 보세요. '대략 25도에서 28도 정도'로 뭉뚱그리지 말고 좀 더 구체적으로 '26도인가'와 같은 식으로 온도를 가늠해 보세요. 실제 기온을 확인하고, 자신이 예상한 온도가 맞았는지 비교해 본 후에 한 번 더 온도와 오늘 느낀 피부의 감각을 '기억'으로 저장해 둡시다. 온도 맞추기가 익숙해지면, 습도가 얼마나 될지도 생각해 봅시다. 이것을 일 년 정도 계속해 보면, 경험이 쌓이면서 피부의 감각으로 실제 온도를 비교적 정확하게 가늠할 수 있을 것입니다. 그리고 '이 정도 기온이라면 오늘은 카디건을 하나 챙겨야겠는걸', '습도가 높아서 우산이 필요할 것 같아' 하고, 자신의 감각으로 날씨에 대비할 수 있게 될 것입니다.

먼저 신체 감각에 관심을 기울이고 의식할 것. 이것이 감성을 키워 가기 위한 준비운동입니다.

습관 툴.

앞을 향해 나아가며
옆 풍경 바라보기

눈으로 정보를 얻을 때의 감각도 감성을 키우는 데 도움이 됩니다. '관찰하는 습관'은 '시야' 속에 있지만, 평소에는 보이지 않는 부분을 의식적으로 보려는 것입니다. 살아 있는 모든 존재는 시야를 가지고 있습니다. 시야란 앞을 향했을 때 보이는 범위를 말합니다.

동물 중에서도 좌우의 눈이 얼굴의 측면에 위치하는 토끼나 말, 양 같은 초식동물은 특히나 시야가 넓어서 거의 360도 전부를 볼 수 있습니다. 이것은 먹이사슬에서 '먹히는 쪽'인 초식동물이 자신을 지키기 위해서 진화한 결과입니다. 그렇다면 인간은 어떨까요? 거의 평면에 가까운 얼굴의 전면에 두 눈이 위치하는 인간은 초식동물보다 시야가 좁고, 시각을 통해 인식할 수 있는 범위는 180도에서 200도가량 된다고 합니다.

두뇌가 발달한 인류는 시야가 토끼만큼 넓지는 않지만 위험을 잘 인지하고 적절히 회피할 수 있어서 사바나에서 초식동물이 쫓기듯 무언가에 습격당하는 일은 좀처럼 없습니다. 그뿐만 아니라 문자를 사용할 수 있어서 선조가 남긴 지혜를 읽을 수 있지요. 우리 세대에서 미래를 위한 지식을 남기기 위해서는 인간의 눈이 앞을 향하고 있는 편이 적합할지도 모릅니다. 지금 저도 모니터를 앞에 두고 이 문장을 써 내려가고 있는데, 만약 눈이 옆에 달려 있었다면 불필요한 정보가 시야로 들어와 그것만으로도 피곤했겠구나, 하는 생각이 들었습니다.

인간이 가진 180도의 시야를 전부 사용해서 세상을 바라보면 일상을 바라보는 태도가 달라집니다. 시야가 180도라고 해도 그것은 '보려고 해야 보이는' 범위일 뿐 그 모든 것이 선명히 보인다는 의미는 아닙니다. 예를 들어 버스에서 아무 생각 없이 빈자리에 앉을 때 옆 사람을 신경 쓰지 않습니다. 여성인지 남성인지 정도는 인식하겠지만요. 대개 사람은 흥미를 가질 필요가 없는 것에 관심을 기울인다던가 그에 대한 정보를 얻으려는 노력을 하지 않습니다.

　매일 앞을 보고 생활하는 우리가 의식을 갖고 바라보는 범위는 의외로 좁습니다. 한번 시야를 전부 사용해서 앞을 향한 채로 옆을 보려고 노력해 보세요. 다른 사람을 힐끔힐끔 보는 것은 실례지만 전철이나 버스를 탈 때 앞을 바라보면서 옆 사람을 '관찰해' 보세요. 옆 사람이 웃고 있나요? 편안한 표정인가요? 혹은 급한 일이 있어 보이지 않나요? '가방을 뒤적거리고 있네. 아마도 지갑을 꺼내려는 것이겠지? 다음 역에서 내리려나 보구나' 하는 식으로 관찰을 통해 상황을 유추해 보는 겁니다. 분명히 아무것도 생각하지 않고 앉아 있을 때는 알지 못했던 정보가 보이게 됩니다.

　'앞을 바라보는 것'은 지식을 키우는 것이고, '옆을 느끼는 것'은 감성을 키우는 것입니다. 평소 일이나 학업을 위해 눈앞의 정보에 집중하고 적극적으로 지식을 습득해야 하는 여러분도 가끔은 시야의 가장자리를 의식하면서 평소에는 보이지 않았던 것들에 의식을 집중해 보길 바랍니다. 계속하다 보면 의식할 수 있는 범위가 점차 넓어지고 '관찰하는 힘'이 자기 안에 쌓이게 됩니다. 그렇게 점차 일상의 사소한 변화까지 알아볼 수 있게 될 것입니다.

맨발로 생활해 보기

저의 본가는 다다미와 다실이 있는 일본 전통가옥입니다. 요즘은 전통가옥에 살고 싶어 하는 분들이 많아졌지요. 하지만 유년시절의 저는 전통가옥의 좋은 점을 전혀 알 수 없었습니다. 욕실에 갈 때도 신발을 신고 밖으로 나가야 하고, 외풍은 심하고, 방범을 위해 매일 덧문을 닫아야 했습니다(이것이 저에게는 가장 힘든 일이었습니다). 매년 겨울이면 얼 듯이 추워서 아직도 저는 제가 추위를 타는 체질이 된 것이 '본가 탓'이라고 믿고 있습니다.

불편한 전통가옥 생활에서 빨리 벗어나고 싶었던 제가 독립해서 처음 살게 된 곳은 아파트였습니다. 신기하게도 그 후, 저는 다다미가 있는 목조 건물이 그리워져서 지금은 지은 지 백 년이 된 전통가옥에 살고 있습니다. 그것은 나이를 먹어 가면서 전통가옥에는 인간의 감성을 자극하는 장치가 많다는 것을 알게 되었기 때문입니다.

전통가옥에서는 맨발로 생활하는데, 이것은 우리의 신체 감각을 예민하게 해줍니다. 전통가옥의 다다미방에서 생활할 때 저는 발바닥이 지면에 닿는 촉감을 신경 쓰면서 지냈습니다. '다다미 생활'에는 지켜야 할 규칙이 있었기 때문입니다. 다실에서의 규칙에서 파생된 예절 중에 '다다미의 가선을 밟지 말 것'이라는 규칙이 있습니다. 가선이란, 다다미의 테두리를 천으로 감싼 부분을 말합니다. 다도를 즐길 때 다다미 위에서 차를 마시게 되는데, 다도 예절에서는 가선을 밟거나 그 위에 앉는 것은 예의에 어긋나는 행위입니다. 왜냐하면 다다미의 가장자리 선은 일종의 결계 같은 것으로 생각되었기 때문입니다.

가선은 '안과 밖', '윗자리와 아랫자리', '주인과 손님'처럼 상대적인 것을 나누는 선, 그리고 '예'를 판별하는 선이기도 합니다. 그 때문에 특히 격식을 중시하는 일본에서는 양해를 구하지 않고 그 경계를 밟고 넘어오는 것은 무례한 것으로 인식했습니다. 신사를 참배할 때 문 앞에서 합장을 한 번

하지요. 그것은 신사의 입구에 있는 문턱을 안과 밖의 경계로 삼고 있기 때문입니다. 경계 안으로 들어가기 전에 양해를 구하는 마음을 담아 인사하는 것입니다. 집의 문턱을 넘을 때도 마찬가지입니다. 그 경계를 무단으로 밟고 넘어오는 것은 무례한 행동이기 때문에 문턱을 넘기 전에 반드시 인사를 하는 것입니다.

더욱이 제가 배운 다도의 유파에서는 다다미 한 장에 여섯 걸음, 반 장에 세 걸음만 걷도록 가르쳤습니다. 이 걸음 수가 경계선과 테두리를 밟지 않으면서 기모노를 입고 잔걸음으로 걸을 수 있는 적당한 보폭이기 때문입니다. 집 안을 걷는 데 걸음 수를 정해 두었다는 사실은 지금으로서는 상상할 수 없는 일이지요. 그렇지만 그런 규칙이 일상에서 적당한 긴장을 갖고 생활하게 하는 역할을 해주었다고 생각합니다.

이처럼 전통가옥과 관습은 자연스럽게 환경에 대한 감도를 높여 주었습니다. 요즘에는 다다미방이 없는 집도 늘고, 다다미를 점점 사용하지 않게 되었습니다. 물론 마룻바닥이 관리도 쉽고 현대의 생활 스타일에도 잘 맞지요. 하지만 편하고 쾌적한 환경이 보장된 공간에서는 신체 감각이 둔해지기 쉽습니다. 그러니 여러모로 편리한 현대 생활 속에서도 되도록 맨발로 지내면서 주위 환경에 의식을 기울여 보면 어떨까요?

발바닥의 감각에 주의를 기울이며 움직이고, 동작 하나하나에 의식을 집중하는 일은 다다미방이 아니어도 가능합니다.

요즘에는 장판이나 마룻바닥인 실내에서 실내화를 신고 생활하는 사람이 많습니다. 실내화는 겨울에 방한도 되고 도움이 되긴 하지만, 꼭 한번 맨발로 걸어 보길 권합니다. 그리고 한걸음, 한걸음 발바닥 전체로 바닥을 느껴 보세요. 발바닥의 촉감으로 느끼는 바닥의 온도와 표면의 강도, 촉각을 통해서 미세한 변화와 쾌적하거나 다소 불편한 느낌들이 전해질 것입니다. 거슬거슬한 불쾌감이 느껴지면 걸레로 바닥을 닦아 봅시다.

발바닥은 훌륭한 감각기관입니다. 그 감각을 예민하게 활성화해서 환경의 변화를 민감하게 받아들인다면 분명히 환경을 관찰하는 힘이 길러질 것입니다.

습관 넷.

동시에 여러 가지
일을 해보기

생활하는 것만으로 점점 집 안이 어질러지는 사람과 그렇지 않은 사람이 있습니다. 이것은 평상시 행동에 차이가 있기 때문입니다. 후자는 한 번의 움직임으로 여러 가지 일을 하는 사람입니다. 한번 자신의 일상적 움직임에 의식을 기울여 봅시다.

요리사가 요리를 한 후 싱크대에 설거짓거리가 남아 있는 경우는 거의 없습니다. 전문 요리사는 하나의 요리에만 집중하는 것이 아니라, 손님의 식사가 어떻게 진행되고 있는지 살피면서 식기 정리를 포함한 모든 순서를 머릿속에 정리하고, 한 번 움직일 때 여러 가지 일을 해내기 때문입니다.

한 번에 여러 가지 일을 하는 습관을 익히면 주위를 관찰하는 능력이 향상됩니다. 이런 습관은 일상의 모든 일에 적용할 수 있습니다. '식기를 씻을 때 수도꼭지의 얼룩이 보이면 닦는다', '손을 씻을 때 수건을 새것으로 갈아 둔다', '일 층에 물건을 가지러 갈 때 이 층에서 가지고 내려갈 물건을 챙긴다' 등 써보면 특별한 일도 아니지만, 실제로 매일 이런 의식을 기울이는 것은 좀처럼 쉽지 않은 일입니다.

다도에도 이런 동작이 많습니다. 두 번째 달인 차를 다완에 따를 때, 먼저 따뜻한 물을 다완에 부은 다음 손바닥으로 감싸서 천천히 돌리면 처음 따른 차를 '씻어 내는' 것뿐만 아니라 다완을 다시 '데우는 것'도 동시에 할 수 있습니다. 또 많은 사람이 참가하는 다회茶會에서 도우미는 '빈손으로 돌아와서는 안 된다'는 규칙이 있습니다. 다회에 차를 나르면서 거둬 올 빈 잔이나 그릇이 있는지 확인하고, 가지고 돌아오라는 것입니다. 식당이나 카페에서 서빙을 해본 경험이 있다면 이해가 쉬울 것입니다. 언뜻 보기엔 동작 하나하나가 매우 천천히 움직이는 것처럼 보이는 다도의 과정도 사실은 극한까지 효율을 추구해 드러나는 세련된 움직임인 것입니다. 이것에 익숙해지면 사무실에서 움직일 때도, 집 안에서 움직일 때도, 주방에서 요리를 할 때도 자연스럽게 주위를 의식하고 둘러볼 수 있게 됩니다.

평소에는 그다지 요리를 하지 않는 편인데, 요리한 후에 그릇이며 조리도구가 싱크대 안에 가득 차 있는 모습만 봐도 질려 또 한동안 요리를 하지 않게 된다면 꼭 한 번에 여러 일을 처리하는 연습을 해보기 바랍니다. '관찰하면서 움직이고 가능한 일은 한 번에 처리한다.' 머릿속에 그런 흐름이 만들어지면 평소에 눈에 띄지 않았던 일도 의식할 수 있게 됩니다.

보이지 않는 것을
느껴 보기

'보이지 않는 것을 관찰해 보자'는 말은 정신적인 것에 관한 이야기로 들릴지도 모르지만 그렇지 않습니다. 시각 이외의 감각기관으로 관찰해 보자는 의미입니다. '관찰'이라는 단어는 '관觀＝보다'와 '찰察＝알다'로 이루어져 있습니다. 시각으로 얻을 수 있는 정보는 다른 오감을 합친 것의 87퍼센트에 이른다고 합니다. 시각 정보가 완벽한 것이 아님에도 시각에만 의존하게 되면 다른 감각을 통해 정보를 수용하는 데 점점 더 소홀해질 수 있습니다. 그러므로 시각에만 의존하지 말고 '보이지 않는 것들을 관찰하는 습관'을 익혀 봅시다.

저희 집에서는 서양의학보다는 동양의학을 선호합니다.

저는 어릴 때 감기에 걸리면 언제나 한약을 먹었습니다. 한약은 쓴맛 때문에 꺼리는 사람이 많지만, 입에 머금으면 희미한 단맛이 퍼져서 어렵지 않게 삼킬 수 있었습니다. 겉으로 드러난 증상에 대응해 처치하는 서양의학의 대증요법對症療法 대신 몸의 체질에 맞춰 점진적으로 호전되기를 기다리는 동양의학의 치료 방식은 몸 전체의 감각을 의식하는 기회가 되기도 했습니다.

저희 집에서는 오래 알고 지내며 왕진을 와주는 침술사 선생님에게 정기적으로 침과 뜸 치료를 받곤 했습니다. 조부모님, 부모님, 고모, 아직 어렸던 저와 제 형제들까지 침으로 치료를 받았습니다. 선생님은 눈이 보이지 않는 사람이었는데도 시각 외의 감각이 누구보다도 뛰어났습니다. 시각을 사용하지 못했기 때문에 다른 감각기관으로 관찰하는 습관을 가지게 된 것인지도 모릅니다. 선생님은 현관에 들어오며 어느 날은 "아, 오늘은 백합꽃을 꽂아 두셨네요!"라고 말하기도 하고, 또 어느 날은 복도를 걷는 소리로 우리 가족 중 누가 걷는 것인지 맞추기도 했습니다. 그리고 지압할 때의 통증을 티내지 않으려고 아무렇지 않은 척해도 "조금 아팠나 보네" 하며 금세 알아차리곤 했습니다.

어릴 적부터 몸 상태를 점검하고 뜸이나 침으로 몸 상태

를 조절해 온 저는 자연스럽게 제 몸의 근육과 경혈에 대해서
알게 되었습니다. 어느 날 선생님에게 지압을 잘하는 방법에
대해 질문한 적이 있습니다. 그러자 선생님은 "손가락으로 광
선을 쏘는 것처럼 지압해 보렴" 하고 대답했습니다. "손가락
으로 광선이요?" 그 말을 들었을 당시에는 놀랐지만, 확실히
선생님에게 지압을 받을 때면 단순히 피부 표면을 누른다는
느낌이 아니라 무언가 몸 깊숙이까지 전기 신호가 찌릿찌릿
하게 도달하는 느낌이 들었기 때문에 쉽게 납득할 수 있었습
니다.

후각으로 백합의 향기를 '보고', 청각으로 발소리를 '보
고', 촉각으로 근육의 뭉침을 '보다'. 말 그대로 선생님은 시각
이외의 모든 감각기관을 사용해서 '보고' 있었던 것입니다.
시각 이외의 감각도 의식하려고 할 것. 그것은 시각에만 의존
하지 않고 모든 감각을 동원해 자기 앞의 세상을 파악하는 것
입니다.

동의어 배워 보기

오감을 사용해 감각을 키우는 것만큼 중요한 것이 있습니다. 바로 관찰을 통해 지각한 것을 적절히 표현하는 어휘력을 기르는 일입니다.

외국에서 'KAWAII'라는 일본어가 인기를 끈 지는 이미 10년도 더 되었습니다. 지금은 일본의 대중문화를 나타내는 말로서 전 세계에서 사용하는 단어가 되었습니다. '가와이이'는 '사랑스럽다, 몹시 귀여워 마음이 설렌다'는 의미로 영어의 'cute'에 가까운 단어입니다. 외국에서는 'cute'로는 충분히 표현되지 않는 '귀여움'을 표현할 때 주로 사용되고 있습니다.

장소와 시대가 바뀌면 언어의 의미도 바뀝니다. 일본에서도 매년 '새로운 말'이 만들어집니다. 정착해서 오랫동안 사용되는 말이 될지, 몇 년이면 사라질 유행어가 될지 알 수 없지만, 우리는 항상 새로운 말을 만들어 내고 그 말을 사용해서 의미를 공유하며 살아갑니다. 이렇게 우리는 새로운 표현 수단을 몸에 익힘으로써 새로운 감각을 손에 넣는 것입니다. 이것은 곧 활용할 수 있는 표현 수단이 적으면, 그만큼 감각도 한정되고 만다는 뜻입니다.

예를 들어 맛있는 음식을 먹을 때나 좋아하는 스타일의 옷을 보면서 언제나 "맛있다!", "멋지다!", "대단하다!"라고만 말한다면 아쉽지 않을까요? 사실은 각각의 것들에 대해 다른 감정을 품고 있는데, 표현 수단을 알지 못하는 탓에 그 감각을 틀 안에 가둬 두고 있는 것일지도 모릅니다. '대단하다'라는 표현의 의미를 사전에서 찾아보면 '정도가 매우 심하다, 몹시 크거나 많다, 출중하게 뛰어나다, 아주 중요하다'라고 쓰여 있습니다. 그러나 말에는 비슷한 의미를 가지면서도 미묘하게 뉘앙스를 달리하는 것들도 많습니다. '대단하다'에는 '멋지다', '최고다', '뭐라 말할 수 없이 좋다', '훌륭하다', '빼어나다', '눈에 띈다' 등 많은 동의어가 존재합니다.

몇 가지 예를 더 들어 보겠습니다. '묘묘하다'라는 말이 있습니다. 이 말은 '멀어서 아득하다'는 뜻입니다. '묘杳'라는 글자에 '아득하다', '어둡다', '희미하다', '멀다'라는 의미가 있어서, 그 말을 반복해 강조하는 표현입니다. 말에는 구어체와 문어체가 있고, 책에서만 볼 수 있는 표현도 있습니다. '묘묘하다' 같은 단어를 일상에서 사용하는 사람은 거의 없을 것입니다. 하지만 감정을 정확하고 자세하게 표현하는 말을 알고 있으면, 느끼는 바를 보다 세밀하게 전달할 수 있습니다. '덥다'는 표현도 한 가지만 알고 있으면 어떤 더위에도 그렇게밖에는 느낌을 표현할 수 없습니다. 하지만 '염서炎暑, 한여름의 심한 더위', '엄서嚴暑, 혹독한 더위', '소서小暑, 본격적인 무더위가 시작되는 7월 7일이나 8일경을 일컬음'와 같이 다양한 표현을 알고 있으면 같은 더위라도 느끼는 바가 달라집니다.

　사람은 언어를 통해 세계를 인지합니다. 다양한 동의어를 알고 있으면 눈앞의 세계를 보는 시야가 넓어질 것입니다. 잘 관찰해서 얻은 그 감각을 가장 적절한 단어로 표현하면 보다 명확하게 자기 자신의 것으로 만들 수 있습니다. 또한 세상을 다채롭게 볼 수 있을 것입니다.

습관 일곱.

술맛을 언어로
표현해 보기

섬세한 감정의 차이를 표현하는 수단을 익힘으로써 세상을
바라보는 시야를 넓히는 좋은 습관 중 하나는 술맛을 말로 표
현해 보는 것입니다.

와인과 전통주 등 술의 맛과 개성을 표현하는 단어는 수
없이 존재하며, 그 단어가 모두 시적이고 아름답다는 것을 알
고 있나요? 색과 향기, 맛, 여운, 뒷맛 등을 표현하는 단어는
따로 있어서, 전문가들은 이 단어들을 이용해 맛과 향을 말로
전달합니다.

예를 들어 와인은 향을 '아로마'와 '부케' 등으로 표현합
니다. '아로마'는 와인을 잔에 따를 때 올라오는 과일 향으로

포도 자체가 지니는 과실의 향을 말합니다. '부케'는 와인의 숙성 과정에서 생성되는 향을 뜻합니다. 오크통이나 병 속에서 발효되는 과정에서 생성되는 향이기 때문에 보다 복잡한 성질을 가집니다. 와인은 마개를 딴 후에도 공기에 접촉하면서 맛이 변합니다. 향에도 시간에 따른 변화가 있는 것이지요.

향을 나타내는 표현에는 다음과 같은 것들이 있습니다. 무화과, 오렌지, 카시스 등으로 표현하는 '과일 향', 로스트아몬드나 피스타치오 등으로 표현하는 '견과류 향', 제비꽃, 카모마일, 라일락 등으로 표현하는 '꽃 향', 레몬그라스, 부엽토, 이끼 등으로 표현하는 '숲 향', 커피와 초콜릿, 타르 등으로 표현하는 '탄 향', 부드러운 가죽과 모피 등으로 표현하는 '동물 향', 백묵이나 화약 등으로 표현하는 '미네랄 향'. 이것들은 극히 일부에 지나지 않으며, 와인을 다루는 표현은 훨씬 더 다양합니다.

단순히 '마시기 쉽다', '색이 진하다' 정도의 감상이 아니라 이런 복잡한 표현들을 기억함으로써 미각과 후각의 폭이 넓어지고, 그 안에 숨어 있는 깊은 맛에 도달할 수 있습니다. 표현이 여러분의 세계를 넓혀 주는 것입니다.

표현 수단을 알게 되었더라도 처음부터 어떤 향이 그 표현과 가까운지 연결 짓기는 어려울지도 모릅니다. 그래서 저는 술을 앞에 두고 그 향과 맛을 주관적으로 표현해 보곤 합니다. 예를 들면 전통주 특유의 향이 나는 쌉쌀한 맛의 술이라면 '부드럽게 춤추듯 향이 퍼지다가 마지막에는 깔끔하게 정리되는 맛'이라던가 '쌀쌀맞을 정도로 깔끔하게 쌉쌀하다'거나 '재구매 의사 20퍼센트'처럼 제 나름대로 판정을 하고 말로 표현해 봅니다. 그 후에 홈페이지에 소개된 글이나 다른 이들이 써놓은 리뷰 등을 읽으면서 세간의 평가와 저의 평가를 비교해 봅니다. 이렇게 자신의 말로 맛을 표현해 보고, 소믈리에나 제조자들이 어떻게 표현했는지 그 차이를 비교해 보면서 맛의 평가 기준을 자신의 감각 안에 새겨 가는 것입니다.

술뿐만 아니라 자신이 좋아하는 분야에서도 새로운 표현을 발견하는 습관을 들여 보세요. 그리고 그것을 단어와 문장, 표와 그래프로 바꾸어 표현해 보는 것도 좋은 방법입니다. 그러면 '이것은 전에 마신 것보다는 ○○퍼센트 쌉쌀하지만, 산미는 ○○퍼센트 적다'라는 식으로 체험이 수치화되어 갑니다. 1년만 지나도 여러분의 감성이 언어화, 수치화되어 커다란 표가 완성될 것입니다.

앞에서 와인을 예로 들어 설명했지만, 전통주에 대해 이야기할 때도 빛이 술을 통과하면서 어떤 빛으로 변화되는지, 황금색의 광택감이 있을 때는 어떤지, 맑고 생생하게 빛날 때는 어떠한지를 설명할 수 있는 매우 정교한 표현들이 있습니다. 적절한 표현을 아는 것은 맛과 향을 관찰할 때 감각을 더욱 선명하게 만들어 줍니다. 지금까지는 '달다', '쓰다', '투명하다', '탁하다' 정도로 무디게 보던 세계가 보다 세세한 것까지 선명하게 보이게 될 것입니다.

해설을 읽지 않고
미술 작품 감상해 보기

최근에는 미술과 예술을 알면 비즈니스에도 도움이 된다는 인식이 확산되면서, 관심을 가지는 사람이 늘었습니다. 그러나 '감상법을 모르겠다', '전시회와 미술관에 가는 것이 어렵게 느껴진다', '감성적인 사람들이 보는 특별한 취미다'라고 생각하는 사람도 아직 많은 것 같습니다. 그렇지만 술맛을 언어화하는 것과 마찬가지로 미술 작품 감상도 감성을 키우는 데 도움이 됩니다.

여러분은 미술관에 얼마나 자주 가나요? 좋아하는 아티스트가 있나요? 외국에서는 집에 그림을 걸어 장식하는 등 비교적 예술을 가볍게 접하는 문화가 형성되어 있습니다. 예술은 결코 어려운 분야가 아니며, 앞에서 이야기한 술맛을 표현하는 방법처럼 먼저 주관적으로 즐기면 됩니다. 확실히 예술은 아티스트가 그 작품을 만든 의미와 콘셉트, 그리고 사조나 문파까지 다양한 요인을 고려해서 평가되고 그 가치가 매겨집니다. 그러나 그런 지식을 아는 것은 관찰이 아니라 공부입니다. 본인 스스로 주관적이고 직관적으로 예술을 관찰하고 말로 표현해 보길 바랍니다. 작품의 배경을 공부하고 해설을 읽기 전에 먼저 작품을 마주하고 자신 안에 끓어오르는 감정에 생각을 집중해 봅시다. 그때부터 천천히 작가의 의도를 상상해 보면 되는 것입니다.

작품을 보고 자신이 느낀 감정을 정리한 후에 해설을 읽으면 정답 맞추기처럼 자신의 감각과 작가나 평론가의 언어 사이에 부합하는 점이 생깁니다. 자신이 생각했던 것과 전문가의 고찰이 다르다거나 작가의 의도를 크게 다르게 해석했다고 해도 '틀린 것'이 아닙니다. 오히려 각자 다른 다양한 감상법을 즐길 수 있는 기회라고 생각합니다. 자신의 감상법으로 충분히 즐긴 다음, 작가의 의도와 역사를 안다면 놀라움과 발견의 기쁨이 더욱 커집니다.

우리 사회에서 여전히 예술이 일상적이지 않은 고급문화로 인식되고 있는 것이 매우 안타깝습니다. 일상적으로 예술을 즐기는 문화를 만들기 위해서는 올바른 교육 등 혁신이 필요하겠지요. 그러나 우선은 '나'라는 개인이 먼저 예술에 한발 내딛어, 일상과 예술 사이에 놓인 벽을 뛰어넘어 보길 바랍니다.

습관 아름.

소리를 분해해서
들어 보기

감성이라고 하면 문화나 역사에 관한 지식을 공부해야 한다고 생각하는 사람도 있을 것입니다. 그러나 때로는 지식이 우리의 관찰하는 눈을 가리기도 합니다. 시각에 의존하면 다른 감각으로 느끼는 일에 소홀해지는 것처럼, 지식으로 세상을 바라보면 본래의 모습을 느끼기가 어려워질 때도 있습니다.

물론 문화나 역사에 관한 교양을 익히면 예술에 대한 이해는 깊어집니다. 예를 들어 클래식 음악을 들을 때, 역사적 배경과 작곡가의 내력을 알고 있으면 곡을 보다 깊이 이해할 수 있습니다. 베토벤의 교향곡 2번 2악장은 무척 아름다운 목가적인 멜로디의 곡입니다. 그러나 이 곡을 작곡했을 당시 베

토벤은 지병이었던 난청이 악화된 상태였습니다. 이런 배경 지식을 알고 감상하면 이 곡의 아름다움에 더욱 놀라게 됩니다. 누군가는 이 아름다운 멜로디에 쫓기는 듯한 불안감을 느끼게 될지도 모릅니다. 즉 배경이나 역사를 알고 있는 경우와 모르는 경우에 따라 감상이 달라집니다.

하지만 감성은 지식의 축적으로만 만들어지는 것이 아닙니다. 지식은 중요한 요소임에 틀림없지만 때로는 그 지식이 방해가 되기도 한다는 점을 잊지 말아야 합니다. 너무 많거나 불필요한 지식 때문에 자연스럽게 음악을 즐기는 감각과 무의식 속에 잠들어 있는 감성이 깨어나지 못할 수도 있기 때문입니다. 감성은 지식과 감수성, 두 가지 위에 성립하는 것이므로 어느 쪽이든 한쪽의 문을 닫아서는 안 됩니다.

여러분이 클래식 콘서트에 간다면 시험해 봤으면 하는 것이 있습니다. 먼저 음악 전체를 즐긴 후 각각의 악기 중에 하나만을 선택해 의식적으로 소리를 들어 보는 것입니다. 하나의 악기에 의식을 집중하고 그 연주자의 움직임을 관찰하면서 거기에서 들려오는 소리를 전체 심포니의 소리에서 분리해서 들어 보세요. 처음에는 어렵겠지만 관찰을 계속하다 보면 복잡하게 겹쳐진 듯 느껴지던 소리 속에서 그 악기의 음색만이 또렷하게 귀에 들어오는 순간이 있습니다. 그때 '이 악기가 이런 소리였구나'를 알게 되고 전체 심포니를 하나씩 분해해서 들을 수 있게 됩니다. 그러다가 개별적인 울림을 다시 한데 모아 전체의 하모니를 즐긴다면 전보다 음악을 훨씬 더 풍성하게 즐길 수 있을 것입니다. 이렇게 전체 속에 존재하는 세부에 의식을 집중하는 습관을 익힘으로써 자연스럽게 깊은 관찰이 가능해집니다.

이것은 음악에 국한된 이야기가 아닙니다. 요리를 예로 들면 입에 퍼지는 맛 중 식재료와 조미료 각각의 맛에 의식을 집중해 보는 것도 좋습니다. 또한 미리 식재료와 조미료의 맛을 하나씩 본 다음 요리를 먹어 본다면 전체의 조화를 보다 깊이 있게 느낄 수 있을 것입니다. 맛과 소리를 분해하고 관찰함으로써 감수성은 향상됩니다. 그리고 각각의 장점을 파악한 후 전체적인 조화를 맛보았을 때 진정한 하모니를 이해할 수 있게 됩니다.

물건의 배치를
몸으로 기억해 보기

여러분은 눈을 감은 채로 집 안을 걸을 수 있나요? 퇴근하고 돌아와 깜깜한 방에 가방을 내려놓고 소파로 걸어가 텔레비전의 리모컨을 찾는 것을 의외로 쉽게 성공하지 않나요? 요리에 자주 사용하는 소금이나 후추가 놓인 장소도 머리가 아닌 감각으로 기억하고 있지요. 이처럼 우리는 머리가 아닌 몸으로 장소를 기억하기도 합니다. 사용하기 편한 배치를 감각적으로 기억하고 있으면 작은 변화가 생겼을 때 느껴지는 미묘한 위화감을 알아채기도 쉽습니다. 그런 식으로 자주 쓰는 물건들의 배치를 정해 보세요.

다도에 사용되는 도구들의 배치를 예로 들어 설명해 보

겠습니다. 다도에서는 말차를 달이기 위해 사용하는 도자기와 옻칠된 작품, 다완, 물을 끓이는 주전자, 물을 담아 두는 물병, 말차 가루를 떠내는 차시 등 다양한 도구가 사용됩니다. 이들 도구 중 일부는 계절에 따라 바꿔 쓸 필요가 있어서 이 도구들을 보관하거나 장식하는 수납장도 계절에 따라 바뀝니다. 그리고 수납장에 따라서 도구를 배치하는 방법도 달라집니다.

다도의 도구 배치는 모두 밀리미터 단위로 정밀하게 정해져 있습니다. 우리가 일상에서 흔히 길이의 단위로 '미터법'을 사용하지만 다도의 경우 '다다미 줄의 수'를 기준으로 한 측정법을 사용합니다. 다다미 줄은 다다미에 입체적으로 나타나는 결 하나를 이르는데, 한 줄은 1.51센티미터입니다. 다다미의 크기는 지역마다 조금씩 다르지만, 기본 형태의 다다미라면 줄의 길이는 같습니다.

예를 들어 '다다미의 가장자리에서 열여섯 번째 줄에 앉는다'든가 '다섯 줄 간격으로 놓는다'와 같은 단위로 사용됩니다. 저도 다도를 배우기 시작한 무렵에는 '열여섯 번째 줄'이라는 말을 들어도 바로 이해가 되지 않았습니다. 그래서 한 줄씩 손으로 세어 위치를 확인한 후 앉곤 했습니다. 그러던 것이 계속해서 '한 줄' 단위의 배치를 의식하게 되면서 점점 익숙해졌고 손으로 일일이 세지 않아도 기물을 놓는 정확한 위치를 알게 되었습니다.

바른 배치에 감각적으로 익숙해지면 위치가 아주 조금 달라지는 것에도 감각적으로 부자연스러움을 감지하게 됩니다. 저는 이 섬세한 감각을 다도 선생님 덕분에 알게 됐습니다. 연한 차를 달일 때는 마지막에 개치찻잔 뚜껑을 내려놓는 다기나 차시 등 도구를 찬장에 되돌려 놓으면서 마무리하는 경우가 있습니다. 찬장 윗부분 사각에, 위는 4분의 3, 아래는 3분의 1의 위치가 되도록 차시를 사선으로 놓는 등 그 세세한 배치가 정해져 있습니다.

어느 날 제가 도구들을 제자리에 놓고 차 달이기를 마치려 할 때였습니다. 다도 선생님이 "마음이 조금 편치 않구나"라고 하며 제 동작을 멈추게 했습니다. 그 말씀을 듣고 저는 개치를 3밀리미터 정도 왼쪽으로 움직여 보았습니다. 그러자 그 주위의 공기가 차분히 가라앉고 마치 작은 파도가 멈춘 것처럼, 모든 도구가 제자리에 놓여 공간에 '딱' 맞게 수납된 느낌을 받았습니다.

당시 저는 웹 디자인 회사에서 일하고 있었습니다. 회사에서 저는 매일 0.1픽셀, 0.1포인트와 싸우며 누가 보아도 아름답고, 정돈되어 있다고 느낄 수 있는 균형을 추구하며 일했습니다. 그날 저는 예로부터 이어져 온 다도문화에도 이처럼 마음을 편안하게 하는 균형이 있다는 사실에 크게 감명받았습니다.

마음이 편해지는 데는 항상 이유가 있습니다. 그리고 그 조화가 흐트러지는 것을 알아채기 위해서는 늘 의식적으로 마음이 편안한 상태를 유지하려는 노력이 필요합니다. 신체 감각을 예민하게 단련해서 조화롭게 놓인 물건의 배치에 편안함을 느끼게 되면, 조화가 깨졌을 때 그에 대한 위화감도 느낄 수 있게 됩니다. 우리 주변 물건들의 위치를 정해 보세요. 작은 변화도 알아챌 수 있는 관찰력이 생기게 됩니다.

계절마다 그릇을
바꿔 사용해 보기

일본은 사계절이 뚜렷하고 바뀌는 계절마다 다양한 아름다움을 즐길 수 있는 나라입니다. 벚꽃이 피고 꽃잎이 날린 후에는 신록의 계절이 다가오고, 녹음이 짙어지고 비가 내립니다. 장마가 끝나면 태양의 위치가 변해 뜨거운 계절이 찾아옵니다. 내리쬐는 태양의 기세가 잦아들 무렵이면 해가 짧아지고 나무마다 잎의 색이 바뀝니다. 그 잎이 모두 떨어지면 바람이 찬 계절이 옵니다. 눈을 감으면 이런 정경이 떠오르지 않나요? 나무마다 가진 다양한 색들, 밤이면 들려오는 벌레들의 울음소리, 해가 지는 시간의 변화⋯⋯. 계절이 변하는 모습은 일상 속에서 즐길 수 있습니다.

그러나 매일 바쁘게 살아가는 현대인들은 이런 계절의 변화를 놓치기 십상입니다. 계절의 변화를 놓쳐 버리면 의식은 자기 안에 머무를 뿐이고, 세상으로부터 무언가를 느껴 보려 하는 감성도 이와 함께 닫혀 버리고 맙니다.

이를 막기 위해서 한 가지 실천해 보았으면 하는 것이 있습니다. 그것은 계절마다 그릇을 바꿔 사용해 보는 것입니다. 우리는 옛날부터 계절의 변화를 느끼고 이를 즐기며 생활했습니다. "해가 길어졌네요", "갑자기 추워졌네요"처럼 날씨에 관한 이야기로 인사를 대신하는 때도 많습니다. 같은 의미로 계절의 변화에 맞추어 식탁에 놓는 그릇도 바꾸어 사용해 보세요.

초봄에는 가벼운 도자기가 어울릴 겁니다. 청자나 담백한 색을 띠는 그릇을 꺼내 보세요. 여름에는 시각적으로 시원함이 느껴지는, 얇은 그릇이나 유리그릇을 사용해 보세요. 가을이 되면 따뜻한 요리가 많아지니까 조금 깊이감이 있는 접시나 온기가 느껴지는 색의 그릇이 식욕의 계절을 더 풍성하게 해줄 겁니다. 겨울이 되면 두툼하면서 깊은 그릇, 만지면 부드러움이 느껴질 것 같은, 낮은 온도에서 구워진 그릇으로 바꿔 줍니다. 겨울 식탁에 오르는 요리의 맛을 더욱 깊게 만들어 줄 것입니다. 그림이 그려진 그릇이라면 어떤 그림인지도 살펴보세요. 봄꽃이 그려져 있나요? 아니면 가을꽃이 그려져 있나요? 그려진 그림과 어울리는 계절에 맞는 그릇을 사용해도 좋을 것입니다.

계절에 맞게 다른 색이나 그림의 그릇을 사용하면 식탁의 분위기가 풍부해지고 요리의 맛도 보다 잘 느껴집니다. 가장 중요한 것은 계절이 바뀌어 가는 모습을 의식적으로 바라보고 자연의 변화를 관찰하는 습관이 생긴다는 점입니다. 어릴 적 부모님이 새 우산을 사주면 비 오는 날을 고대하던 기억이 있습니다. 이처럼 계절에 맞추어 그릇을 사용하다 보면 "어서 다음 계절이 왔으면……" 하고 계절의 변화를 기대하게 됩니다. 그릇을 바꿔 가며 사용하는 것은 자연을 대하는 시선을 변화시키고, 관찰하는 힘을 자라게 할 것입니다.

습관 열둘.

계절을 표현하는 말을
기억해 보기

앞서 계절의 변화를 의식적으로 느끼는 습관을 소개했습니다. 계절을 세는 방법은 '춘하추동'만이 아닙니다. '사계'는 1년을 네 기간으로 나눈 것이지만 좀 더 세분한 것도 있습니다. 바로 1년을 '24절기'로 나누는 것입니다. 춘하추동을 다시 여섯 개의 기간으로 나눈 것인데 한 절기에 약 15일씩을 배정해서 계절을 표시하는 것입니다. 입춘이나 곡우 같은 단어를 들어 본 적이 있을 것입니다. 그 외에도 자주 사용되는 춘분, 하지, 추분, 동지도 24절기를 나타내는 말입니다. 이런 자연과 계절을 표현하는 말들을 알아 둠으로써, 환경의 변화를 의식할 수 있게 되고 관찰하는 힘이 자랍니다.

24절기가 만들어진 데는 이유가 있습니다. 고대 중국에서는 달의 운행 주기에 기초한 태음력이 사용되었습니다. 태음력으로 보았을 때 새달부터 달이 차고 다시 빠질 때까지를 1개월이라 하면 1개월이 약 29일이 됩니다. 한 달로만 보면 하루에서 이틀 정도의 오차지만 1년 전체를 보면 11일 정도의 차이가 발생합니다. 3년이면 1개월 정도까지 차이가 벌어지게 되어 더 이상 작은 오차로 보기엔 어려운 상태가 되고 맙니다. 이 오차를 보정하지 않고 달을 세었을 경우, 같은 5월이라 해도 전혀 다른 기후가 되기 때문에 농사를 짓는 시기도 달라지는 것이지요. 그래서 중국의 전국시대에 태양의 운행에 기초한 '24절기'가 고안되었습니다. 1년을 12개의 '중기'와 12개의 '절기'로 분류하고 각각의 시기상 특징을 함축하는 이름을 붙였습니다. 태양의 움직임을 기본으로 하므로 1년이 지나면 태양의 같은 지점에 위치하게 됩니다.

24절기를 각각 3개의 기간으로 나눈 '72후'도 있습니다. 후 하나의 기간은 약 5일입니다. 후도 중국에서 발원했고 6세기경 일본에 전해졌습니다. 72후 절기력은 그 후에도 여러 차례 개선을 거쳐서 태양력을 사용하게 된 메이지 시대1867년~1912년 전까지 상당히 오랜 기간 사용되었습니다. 절기 개념은 최근까지도 사용되고 있습니다.

72후는 기상의 움직임과 동식물의 변화를 24절기처럼 함축적인 단어가 아닌 시적인 문장으로 표현했습니다. 예를 들어 2월 4일부터 8일까지의 5일간은 '동풍해동東風解凍'이라 하는데 동풍(춘풍)이 얼음을 녹이기 시작한다는 의미입니다. 2월 14일부터 18일까지는 깨진 얼음 사이로 물고기가 튀어나 온다는 의미인 '어상빙魚上氷'입니다. 초여름인 6월 11일부터 15일까지는 썩은 풀이 녹아 반딧불이가 된다는 의미인 '부초 위충腐草爲螢'입니다. 가을 초입의 9월 28일부터 10월 2일까지 는 벌레가 흙 속에 판 구멍을 스스로 막는다는 의미인 '칩충 배호蟄虫坏戶'입니다. 마치 시의 한 구절 같습니다. 계절의 정경 이 머릿속에 이미지로 떠오르지 않나요? 그리고 이 24절기의 '기'와 72후의 '후'를 따서 만들어진 단어가 바로 날씨를 표현 하는 단어인 '기후'입니다.

일본에는 바람의 이름이 무려 이천 개 이상이나 됩니다. 계절마다 부는 바람의 이름뿐만 아니라 아침·저녁 시간, 그리 고 부는 강도에 따라서 다른 표현이 존재합니다. 바람의 이름 이 무수히 많다는 것은 당시 사람들이 바람을 각기 다르게 느 끼고 그 특징을 구분했다는 증거입니다. 뺨에 닿는 바람으로 계절의 변화를 안다. 이 얼마나 멋진 일인가요! 옛날 사람들 이 얼마나 섬세하게 계절과 자연의 변화를 느끼고 감도 깊은 날들을 보냈는지를 이런 표현에서 짐작해 볼 수 있습니다.

관찰이란 단지 보기만 하는 것이 아닙니다. 눈으로 보고 있어도, 의식을 가지고 바라보지 않거나 바라보는 대상에게서 느껴지는 것이 아무것도 없다면 관찰이라 말할 수 없습니다. 기후의 변화와 그것을 표현하는 말을 알아 가면서, "올해는 소설小雪까지 추운 날이 없었네"라거나 "지금이 9월이니까 이 바람은 북동풍인가? 그렇다면 이번 주는 바람이 거세지겠는걸?" 하고 문장 안에서 구체적인 의미를 찾을 수 있습니다.

24절기와 72후처럼 자연을 표현하는 말들을 기억하고 일상을 바라보세요. 말을 통해 세계를 보는 방식과 관찰하는 방법이 점점 달라질 것입니다.

음식점에서 나오는 그릇을
어루만져 보기

외식을 즐기는 방법은 어떤 것이 있을까요? 우선 요리를 맛있게 먹는 것이겠지요. 두 번째로는 함께 식사하는 이들과의 대화를 즐기는 것입니다. 그다음으로 가게의 철학을 즐기는 것도 빼놓을 수 없는 요소입니다.

　저는 어릴 적부터 자주 가족과 외식하러 가서 그릇을 즐기는 방법을 배웠습니다. 요리가 나오면 먼저 요리와 그릇의 조화에 감탄하고, 그다음 요리를 맛보곤 했습니다. 그리고 식사가 끝나면, 빈 그릇을 뒤집어 그릇의 굽을 살펴보거나 들어올려서 형태와 두께, 무게 등을 살펴보고, 그릇의 역사와 만들어진 지역, 가마 등을 상상하기를 즐겼습니다. 가족 전체가 그릇을 어루만지며 "그쪽도 보여 줘"라고 말하면서 그릇을 서로 돌려가며 보는 모습이 남들 눈에는 조금 이상한 광경으로 보였을지도 모릅니다. 때와 장소에 따라서는 매너 없는 행동일 수도 있지만, 가게에서 요리를 맛있게 먹는 것 외에 그 가게와 주인의 철학과 미의식에 관심을 기울이는 것은 관찰하는 힘을 키우는 데 도움이 됩니다.

가게에서 사용하는 그릇은 그 식당이 표현하고자 하는 바와 요리의 종류에 따라 다양해집니다. 같은 양식당이라 해도 하얀 양식기를 사용하는 곳이 있는가 하면 일본풍 식기를 쓰는 곳도 있습니다. 포크와 나이프를 세팅하는 곳이 있는가 하면 젓가락을 내주는 곳도 있습니다. 식기 하나에도 그 식당의 철학이 드러나는 것입니다.

조금 격식 높은 요정料亭에 갈 기회가 있다면 가장 먼저 장식이 놓여 있는 곳을 살펴보세요. 계절과 모임의 성격에 어울리는 족자가 걸려 있을 것입니다. 연말에는 '무사無事'라는 글이 걸려 있기도 합니다. 한 해를 무사히 마치며 함께하는 식사 시간은 더없이 소중히 여겨질 것입니다. 이처럼 가게에 장식된 것들에 우연이란 없습니다. 모두 계산되어 준비된 것입니다.

'왜 이 요리를 이 계절에 내놓았을까?'

'왜 이 그릇에 담았을까?'

'왜 이 꽃으로 장식했을까?'

고급 식당에 갈 때는 일상에서 벗어난 모처럼의 시간을 즐길 겸, 모든 것에 시선을 쏟으며 그 식당의 철학까지 느낄 수 있도록 의식을 깨워 봅시다. 그릇뿐만 아니라 복도에 걸려 있는 그림과 화장실에 놓인 슬리퍼의 소재에도, 식재료뿐만 아니라 술과 그릇, 장식된 물건, 종업원의 태도, 가게의 역사에도 주의를 기울여 봅시다. 이 모든 것이 한데 조화된 시간과 공간을 제공하기 때문에, 손님은 그에 상응하는 대가를 지불할 마음이 드는 것입니다.

관찰하는 습관이 생기면 언제든지 다른 사람의 배려를 알아볼 수 있습니다. 친구의 집을 방문했을 때 '쉽게 볼 수 없는 과자네. 오늘을 위해 특별한 것을 준비한 걸까?' '스모키한 향이 나는 홍차네. 단맛이 강한 과자와 어울리는 차를 준비한 걸까?' 이런 환대하는 마음과 배려를 느꼈다면 다음에 내가 누군가를 초대할 때 그 마음을 실천하고 싶어질 것입니다.

고급 식당이나 레스토랑, 친구의 집에서 알게 된 다른 사람의 배려는 분명 여러분의 삶에 밑거름이 될 것입니다. '관찰하는 습관'은 바로 창조로 이어지는 궁극적 힘이 됩니다.

2
장

틀리고 있음을 알게 되는

'정리하는 습관'

감성적인 사람은
자신의 감정 변화를 자각하고,
의식적으로 정리할 수 있습니다.
그래서
항상 냉정하고 평온하며,
본질을 잊지 않는 선택을 할 수 있지요.

이를 위한
'정리하는 열 가지 습관'을
살펴봅니다.

지갑 속 정리해 보기

'정리'에는 주변 환경의 정리와 마음의 상태를 정리하는 것이 모두 포함됩니다. 가장 먼저 가까이에 있고 매일 사용하면서도 의외로 의식하지 못하는 지갑의 속부터 정리해 보기를 추천합니다.

현금, 신용카드, 신분증, 여러 사람에게 받은 명함 등 생활의 모든 것이 담겨 있는 통통한 지갑을 들고 다니지는 않나요? 저는 최근 들어서 장지갑에서 작은 지갑으로 바꾸고 카드도 몇 장으로 줄여 보았습니다. '언젠가는 필요할 거야'라는 관점으로 물건을 보면 모든 것이 필요해 보입니다. 그러나 자주 사용하는 신용카드는 대부분 한두 장이지요. 포인트 카드도 애플리케이션으로 관리할 수 있는 것이 많아졌습니다. 은행카드는 인터넷뱅킹을 쓰면 사용할 일이 거의 없습니다. 차라리 통장과 함께 집에 보관하는 편이 더 안전할 수 있습니다. 스마트폰에 결제 기능이 있는 경우 신용카드나 현금이 필요 없지요. 지갑 없이 외출해도 곤란한 경우가 드뭅니다.

그렇다고 해도 아직 현금이 필요한 때가 종종 있습니다. 그렇기 때문에 정기적으로 지갑 속을 점검할 필요가 있습니다. 지폐보다 영수증이 더 많이 들어 있지는 않나요? 모두 정리하고 불필요한 것은 버립시다. 그리고 접혀 있는 지폐는 가지런히 펴 넣고 종류와 방향도 맞추어 둡니다.

지갑 속이 어수선하면 지갑이 반쯤 열린 것처럼 금전 감각이 마비되어 갑니다. 물리적으로 정돈되어 있지 않으면 마음의 상태도 어수선해집니다. 항상 가까이에 있는 소중한 물건인 만큼, 정리하는 습관을 기르기 위한 첫 번째 과제로 삼기에 적절합니다.

돈은 사용하는 사람에 따라 선이 되기도 하고 악이 되기도 합니다. 아름답고 유의미하게 돈을 쓰기 위해서라도 지갑 속을 정돈합시다. 돈이라는 자원을 소중히 사용하기 위해서 매우 중요한 일입니다.

습관 들.

오전 중에 청소해 보기

우리의 마음 상태는 환경에 좌우됩니다. 어질러진 방에서는 마음을 가다듬으려고 해도 잘 되질 않습니다. 계절별로 정리되지 않은 옷장과 어수선한 약 상자, 종류도 사이즈도 제각각인 그릇들이 쌓여 있는 그릇장……. 분명 집 안 어딘가에 매일 신경은 쓰이면서도 우선순위에서 벗어나 방치된 장소가 있게 마련입니다. 그런 곳들을 찾아 정해 둔 시간과 자투리 시간에 청소하는 습관을 길러 봅시다.

저는 '깨끗함'을 조금씩 쌓아 가는 것을 '청결 저금'이라 부르고 있습니다. 방치되어 계속 신경 쓰이는 곳이 있으면, 생각에도 영향을 미치게 됩니다. 어질러진 장소가 깨끗해지고 공간에 여유가 생기면 신기하게도 머릿속 잡념이 사라지고 일의 관리나 사람과의 관계, 거리감까지 개선됩니다. 이 것은 일에 국한되지 않습니다. 생활 전반에 걸쳐 판단 속도와 성과 향상에 영향을 끼칩니다.

청소는 일을 시작하기 전인 이른 오전 시간을 추천합니다. 먼저 창을 열고 답답해진 실내 공기를 환기시킵니다. 그 다음 청소기를 돌리고 가능하다면 마룻바닥에 물걸레질을 합니다. 그런 다음, 어딘가 한 곳을 정해서 깨끗이 청소하고 정리합니다. '오늘은 이곳을 깨끗이 해보자!'라는 마음으로 임하는 것이죠.

시간이 없을 때는 어느 곳 중심으로 정리하면 좋을까요? 바빠서 3분밖에 시간이 나지 않을 때는 싱크대나 수도꼭지, 거울처럼 반짝이는 부분을 청소하고 광택이 나게 해놓습니다. 빛나는 소재의 물건이 제 빛을 내기만 해도 아주 청결한 기분이 듭니다. 시간이 5분 정도 있다면 청소기로 방 전체의 바닥 청소를 합니다. 10분의 시간이 있다면 약 상자나 찬장 한 칸을 정리합니다. 같은 약인데 여러 개 있는 것들과 제각각으로 뒹구는 반창고 등을 정리하면 필요할 때 바로 찾을 수 있고 뭐가 부족한지, 뭘 더 채워야 하는지 알 수 있습니다. 시간이 30분 정도 있다면 커다란 찬장을 정리할 수 있습니다.

안에 든 물건을 다 꺼내고 찬장을 닦아 주기만 해도 기분이 상쾌해집니다. 1시간 이상 시간이 있다면 가구를 움직여 볼 수도 있습니다. 가구 배치만 조금 바꿔도 일상이 새롭게 느껴지고 신선한 기분이 듭니다. 먼지가 쌓인 가구 밑을 청소할 수도 있지요.

청소 같은 단순 작업을 할 때, 저는 제가 무척 자유롭게 사고하고 있음을 느낍니다. 새로운 상품과 디자인에 대해서, 새로운 사업에 대해서, 앞으로 어떻게 살아야 할지에 대해서 등 생각나는 것들을 그 자리에서 스마트폰으로 녹음해 두고 있습니다. 이처럼 청소는 머릿속의 잡음을 정리해 줄 뿐만 아니라 스스로를 찬찬히 바라보고 새로운 생각을 하게 하는 시간이 됩니다.

일을 시작하면 업무에 쫓겨 새로운 것을 생각할 시간을 가지기 어렵습니다. 바쁜 날에는 겨우 한숨 돌리게 되었다 싶으면 이미 저녁 시간인 경우도 많을 것입니다. 일을 시작하기 전, 시간을 효과적으로 사용하면서 마음을 정리해 보세요. 그렇게 하루를 보내면 일의 효율도 높아집니다. 감성을 발휘하는 사람은 그런 상태를 만드는 데서부터 의식을 집중합니다.

매일 30분이나 1시간 동안 청소하기는 어려울지도 모르지만, 10분 혹은 15분이라면 가능할 것입니다. 매일 조금씩

'청결 저금'을 모아, 머릿속을 정돈하고 맑게 갠 사고를 해 봅시다. 하루에 잠깐씩이라도 청소하는 습관을 기른 여러분의 '청결 저금'은 한 달 후에는 든든하게 불어 있을 것입니다.

습관 셋.

자주 사용하는 물건을
손이 닿는 곳에 놓아 보기

'관찰하는 습관'에서도 물건의 배치를 결정해 보자고 이야기했지만 여기서는 물건이 놓일 합리적인 위치에 대해 이야기해 보겠습니다.

자주 사용하는 그릇이 그릇장 구석에 있어서 매번 가까이에 놓인 그릇을 움직여 가며 그릇을 빼내고 있지는 않나요? 사실 저도 그런 경우가 자주 있습니다. 매번 번거롭다고 생각하면서도 그것을 당연한 것으로 여기고 있는 것이지요. 매번 구석에서 그릇을 꺼내다 보면 그릇이 깨질 위험도 높아집니다. 사소한 일이지만 그런 것들로부터 비롯되는 작은 불안감에도 우리의 마음은 흔들립니다. 제 경우, 자주 사용하는 그릇을 그릇장 앞쪽에 두도록 의식을 쏟다 보니 생활 속 작은 스트레스가 줄어들었습니다.

그릇장뿐만 아니라 옷장이나 신발장 속, 싱크대 하부장 같이 자주 사용하는 장소의 물건 배치를 바꿔 보세요. 분명 움직임이 심플해지고 자잘한 스트레스가 줄어들 겁니다. 그리고 가끔 그 배치를 다시 바꾸어 보기를 권합니다. 필요한 물건은 몇 개월, 몇 년마다 달라집니다. 여러분의 라이프 스타일에도 변화가 있을지 모를 일입니다. '지금 생활에서 이것이 이 위치에 있어야 하는가?'를 한 달에 한 번, 생활 속에서 다시 생각해 보고 그때그때 생활에 맞는 장소를 정하면 됩니다.

현대인은 물건을 찾는 데 연간 150시간 가까이 소비한다고 합니다. 집이 정돈되어 있으면 스트레스가 줄고 사고가 명확해질 뿐만 아니라 지금까지 물건을 찾는 데 들였던 시간을 좀 더 의미 있게 사용할 수 있습니다. 일에 관련된 아이디어를 생각하거나 명상으로 자신의 내면과 마주하는 등의 일 말이지요.

습관 넷.

옷걸이 수 줄여 보기

패션 아이템을 정리할 때 가장 좋은 방법은 '옷걸이의 수를 정해 두는 것'입니다. 여러분은 맘에 드는 옷과 구두, 가방 같은 패션 아이템을 얼마나 가지고 있나요? 시즌마다 유행 아이템을 사는 것은 설레는 일입니다. 또 마음에 드는 새 옷을 입을 때면 기분도 좋아집니다. 그렇지만 방심하면 금세 옷장 가득 쌓이기도 합니다.

'올해는 안 입었지만 언젠가는 입을걸.'

'좋아하는 옷이니까.'

'지금은 사이즈가 안 맞지만 언젠가 꼭 입을 수 있을 거야.'

이런 식으로 생각하다 보면 한 번도 입지 않은 옷과 들지 않은 가방, 신으려고 했지만 결국 신지 않은 구두로 옷장은 가득 차고 정리가 불가능한 상태가 됩니다.

물건이 많다는 것은 그만큼 생활에서 신경 쓸 것이 많다는 뜻입니다. 입을 옷을 고르는 것은 물론이고 세탁 횟수와 정리정돈에 드는 시간도 늘어납니다. 이런 사사로운 작업과 선택을 할 때도 뇌는 상당한 에너지를 필요로 합니다. 애플의 창업자인 스티브 잡스가 이세이미야케의 터틀넥 티셔츠에 리바이스 501 바지, 뉴발란스의 스니커즈를 유니폼처럼 매일 입었다는 것은 유명한 이야기입니다. 매일 옷을 고르는 데 에너지를 사용하지 않기 위해 만든 자신만의 룰이었던 것이지요.

저도 물건이 늘어날수록 점점 생각을 명확하게 정리하는 것이 힘들어진다고 느꼈습니다. 더불어 결단을 내리는 속도도 느려진다는 생각이 들었습니다. 급기야 일에도 부정적인 영향을 끼치고 성과를 제대로 내지 못하게 됐을 때, '이건 아니야' 하는 생각이 들었습니다. 마침 제 주변을 심플하게 정리하고 싶다고 생각하던 차여서, 확실하게 정리를 시작했습니다.

그러나 애착을 가진 물건을 버리는 것은 무척 어려운 일입니다. 그래서 제가 찾은 방법이 옷걸이의 수를 정해 두는 것입니다. 옷걸이가 가득 차면 구매를 멈추거나 가지고 있는 물건을 처분하자는 룰을 만들었습니다. 서랍장에 들어가는 옷과 구두, 가방의 개수를 정하고 그 이상이 되면 버리거나 재활용으로 내놓아 처분하고 있습니다. 구체적으로 말하면 신발은 구두, 매일 신는 스니커즈, 여름에 신는 샌들 이렇게 총 세 켤레입니다. 겨울에는 샌들 대신 부츠를 추가하지만 세 켤레는 절대 넘기지 않습니다. 가방은 네 개로 줄였습니다. 매일 사용하는 노트북이 들어가는 가방 하나, 평소에 드는 가방 두 개, 파티용 클러치백 한 개입니다.

봄가을에는 반드시 옷장 정리를 합니다. 그때, 지난해에 한 번도 입지 않았던 옷은 '옐로카드'로 분류해 두고 다음 해에도 입지 않으면 처분하고 있습니다. 그 덕분에 제 옷장 안에는 항상 엄선된, 제가 가장 좋아하는 옷들만 들어 있어서 매일 옷을 고르는 시간도 단축되었습니다. 무언가를 산다는 것을 지금 가지고 있는 좋아하는 물건과 비교해서 그것을 대체하는 행위로 여기게 되면, 선택 하나하나에 신중해집니다. 그 결과 방이 깔끔하게 정리됩니다.

감성적인 사람은 자신의 '스타일'을 가지고 있습니다. 자기만의 스타일을 가지면 생활도 심플해집니다. 저는 좋아하는 브랜드의 옷만 입습니다. 해당 브랜드가 아니라면 정해 둔

색의 옷만 입습니다. 다양한 패션을 즐기는 것도 좋지만 우리가 입는 옷은 곧 마음의 거울과도 같습니다. 그러니 항상 정리된 상태를 유지하도록 합시다.

습관 다섯.

만나는 사람의 수
줄여 보기

정리하는 습관이란 무언가를 깨끗이 하는 것만을 의미하는 것이 아니라 유한한 것을 철저하게, 그리고 효율적으로 활용하는 것이라고도 할 수 있습니다. 옷장도 그렇고, 지갑 속도 그렇고, 우리의 몸이나 시간에 대해서도 마찬가지입니다.

우리 인생에 주어진 시간은 한정되어 있습니다. 그렇다면 만나는 사람의 수를 정해 보는 것은 어떨까요? 이렇게 말하면, 자칫 불필요한 사람을 정리하고 친구의 수를 제한하라는 것으로 오해할 수도 있지만 절대 그런 의미가 아닙니다. 이 제안은 자신을 바라보는 시간을 소중히 하자는 뜻입니다.

다른 사람과의 만남에서 얻는 이점은 무엇일까요? 때로

는 누군가의 응원을 받고 싶은 때가 있을 것입니다. 고민을 털어놓고 싶을 때도 있고, 같은 고민을 하는 사람의 이야기를 듣고 위로받고 싶을 때나 인생 선배로부터 질타와 격려를 받고 싶을 때도 있을 것입니다. 어떤 때는 다른 사람의 고민을 들어 주기도 하고 옛 친구와 만나서 철부지 시절 이야기를 하며 기분 전환을 하기도 합니다. 순식간에 시간이 흐르고 무슨 이야기를 했었는지 잘 기억하지 못할 때도 있지만, 누군가에게 도움이 되었다는 충족감을 얻거나 기분을 환기하는 계기가 되기도 합니다.

모든 교류와 만남이 각자의 인생에서 소중한 시간인 것은 틀림없습니다. 교류를 통해 얻게 된 것들은 자신 안에 남아 숙성되어 갑니다. 다른 사람과의 교류를 통해 감성을 키우기 위해서는 이 '숙성 기간'이 중요합니다. 타인에게서 받은 것을 숙성 시간을 거쳐 자신의 에너지로 바꿀 수 있기 때문입니다. 마음 깊숙이 숨어 있는 답을 찾아내서 이를 언어화하고, 목표를 발견하고, 배우고, 스스로의 가능성을 끄집어내는 에너지로 바꾸기 위해서는 이 숙성 기간이 꼭 필요합니다.

숙성 기간을 확보하기 위해서는 사람과의 만남 하나하나를 소중히 하고, 그로부터 얻은 것들을 확실하게 숙성시키는 여유를 가져야 합니다. 그러기 위해서는 사람과의 만남을 주체적으로 해나가야 합니다. 그다지 마음에 내키지 않는 자리에 참석하거나, 상대에게 잘 보이기 위해서 나를 꾸미고 있지는 않나요? 그런 관계를 일단락 짓고 타인과의 관계를 재정리해 보세요. 잘 맞지 않아 그저 스쳐 지나갈 뿐인 관계도 있습니다. 누군가와 헤어진다는 것은 그 자체만으로도 슬픈 일이긴 합니다만, 그렇다고 해서 그 사람을 쫓아갈 필요는 없습니다. '필요한 것은 또 언젠가 다른 형태로 나에게로 온다'는 생각을 가지고 자신의 내면에 집중하면 떠나가는 사람과도 얼굴을 붉히며 헤어지지 않고, 편안한 마음으로 관계의 다음 단계를 향해 나아갈 수 있을 것입니다.

다른 사람이 어떻게 생각할까보다는 자신이 어떻게 생각하는지, 다른 사람이 어떻게 해주길 바라기보다는 자신이 어떻게 하고 싶은지 나밖에 알 수 없는 답을 내 안에서 찾아가는 것이 다른 사람에게서 답을 찾는 것보다 힘난한 길입니다. 그래서 그 선택에는 책임도 따릅니다. 위대한 사람에게도, 부자에게도, 노인에게도, 아이에게도, 하루는 똑같이 24시간일 뿐입니다. 여러분의 인생도 옷장 속처럼 한정된, 소중한 것입니다. 그 귀중한 시간을 낭비하지 않도록 인간관계를 잘 정리하고 자신을 살피고 이해하는 데 쓰도록 합시다.

점심 식사 건너뛰어 보기

저는 점심에는 탄수화물을 섭취하지 않습니다. 채소와 두부 같은 단백질이 많은 식재료로 만든 가벼운 식사를 합니다. 이유는 하나입니다. 졸음이 오는 것을 막고, 뇌의 상태를 맑게 유지해서 오후 시간의 집중력을 높이기 위해서입니다. 지나치게 빈속이면 에너지가 방전돼서 집중력이 떨어지지만, 반대로 배가 너무 부르면 머리가 멍해지면서 졸음이 밀려옵니다. 여러분도 경험해 본 적 있지 않나요?

식사 후에 급격히 밀려오는 졸음은 당질의 과다 섭취가 원인입니다. 일반적으로 음식을 섭취하면 혈중 포도당이 증가하고 혈당이 상승합니다. 혈당이 상승하면 그것을 정상으로 되돌리기 위해서 우리 몸에서는 혈당을 저하시키는 인슐린이라는 호르몬을 분비합니다. 당질이 포함된 탄수화물을 많이 섭취하면 단번에 혈당이 상승하기 때문에 이를 낮추기 위해서 대량의 인슐린이 분비됩니다. 그 때문에 갑자기 오른 혈당이 또 갑자기 떨어지면서 머리가 멍해지거나 졸음이 오는 것입니다.

채소나 버섯, 콩 등을 위주로 한 식사는 칼로리도 낮고 당질도 적습니다. 이렇게 혈당을 덜 상승시키는 재료로 만든 식품은 최근에 '저혈당지수 식품'이라 불리며 그 수요가 늘고 있어서, 편의점에서도 쉽게 찾아볼 수 있게 되었습니다. 맑은 정신으로 있고 싶을 때, 한번쯤 점심을 거르거나 저혈당지수 식품을 섭취한다면 졸음 걱정 없이 집중할 수 있을 것입니다.

불교 종파인 선종禪宗의 수행승들에게는 공복감을 견디는 특별한 방법이 있었습니다. 선종의 계율은 엄격해서, 식사는 오전에만 할 수 있었습니다. 아무리 힘든 수행을 견뎌 낸 수행승들이라 해도 장시간 식사를 거르게 되면 당연히 몸에 부담이 갑니다. 그럴 때 수행승들은 품 안에 데운 돌을 넣어 위장 주위를 따뜻하게 해서 배고픔과 추위를 견뎠다고 합니다. 그 돌을 일컬어 '온석溫石'이라 불렀는데, 그로부터 파생한 것이 배를 따뜻하게 하는 쌀죽 같은 가벼운 식사인 '가이세키

懷石, 다도에서 차를 대접하기 전에 내는 간단한 요리'입니다. 수행승이 혈당의 메커니즘을 알고 있었는지는 알 수 없지만, 혈당이 상승한 상태나 반대로 혈당이 너무 떨어진 상태에서는 자신의 본래 감각이 발휘되기 어렵다는 것을 경험을 통해 이해하고 있었던 것이겠지요.

요즘은 먹을거리가 풍부해 적은 돈으로도 배를 가득 채울 수 있습니다. 그러니 오히려 공복인 상태를 만들고, 섭취하는 음식을 관리해서 적당한 공복감과 긴장감을 느끼는 날들을 만들어 보세요. 이를 통해 분명히 여러분이 가지고 있는 본래의 능력을 최대치까지 끌어낼 수 있을 것입니다. 그렇다고 해서 스트레스를 받을 정도로 무리한 다이어트와 식욕 억제를 하는 것은 감성을 키우는 데 도움이 되지 않습니다. 극단적인 실천보다는 평소에 자기 몸을 잘 살피면서 편안한 몸 상태를 유지하는 것, 이것도 감성적인 사람이 항상 의식해야 하는 것입니다.

1시간 집중하고
15분 휴식해 보기

여러분은 효율적으로 일하기 위해 어떤 방법을 쓰고 있나요? 사람마다 집중할 수 있는 시간이 정해져 있습니다. 저는 세밀한 문양을 그려 넣고 굽기를 몇 번씩 반복하는 도예 기법을 사용하고 있어서 '인내심 테스트'처럼 무척이나 끈기가 필요합니다. 그래서 작업할 때 집중력을 흐트러뜨리지 않기 위해 시간을 분배하는 요령을 익혀 실천하고 있습니다. 바로 '1시간 집중하고 15분 휴식하기'입니다. 이것은 '뽀모도로 테크닉Pomodoro technique'이라는 시간 관리 기술 중 하나입니다. 뽀모도로 테크닉은 짧은 작업과 짧은 휴식의 반복을 목표로 삼습니다. 실제 적용할 때에는 시간을 조정할 수도 있습니다.

물론 최적의 시간 분배는 사람마다 차이가 있습니다. 저의 경우 '1시간 집중, 15분 휴식'이 가장 적절했습니다.

일하다 보면 저도 모르게 핸드폰 메시지를 보고 답장을 보내거나 다른 일로 정신이 산만해져서 집중하지 못하고 몇 시간이나 흘려보낼 때도 있습니다. 혹은 너무 집중한 나머지, 휴식 시간을 잊고 있다가 나중에 컨디션이 엉망이 되는 경우도 있습니다. 저도 도예를 막 배우기 시작한 시절에는 작업에 너무 몰두해서 문양 그리기를 연일 반복하다가 목에 담이 걸려 움직이지도 못할 정도가 된 적도 있습니다. 늘 자기 능력을 충분히 발휘할 수 있도록, 그리고 가장 자기다운 모습을 지킬 수 있도록, 좋은 컨디션을 유지할 수 있는 '집중과 휴식'의 시간 배분 방법을 기억하길 바랍니다.

집중과 휴식이라는 시간 배분에 일정한 패턴이 생기면 시간을 쓰는 데도 군더더기가 사라집니다. 요즘에는 시간 관리를 도와주는 애플리케이션도 많습니다. 직장에서 근무하는 사람도, 프리랜서나 재택근무를 하는 사람도 하루라는 한정된 시간을 관리하면서 집중과 휴식의 사이클을 정리하길 바랍니다.

습관 여덟.

10분간 호흡에
의식을 집중해 보기

최근 10년 사이, 교토의 사찰은 외적인 확장을 모색하며 일 반인도 참여할 수 있는 좌선 워크숍을 열고 있습니다. 그러나 많은 사람이 '좌선'이라는 말에 거리감을 느낍니다. 무슨 일이 있어도 움직여서는 안 되고, 잡념이 하나도 없는 고승 같은 정신 상태를 만들어 낸다는 건 쉬운 일이 아니니까요. 가부좌 를 틀고 앉는 순간부터 온갖 것들이 떠오르기 마련입니다.

그렇게 수십 분간 앉아 있으면 가장 먼저 저리는 다리에 주의가 쏠립니다. 그러다 주위에 있는 사람이나 심지어 벌레 의 존재까지도 신경이 쓰입니다. 그 외에도 허기나 갈증을 느 끼기도 하고 저녁 식사는 어떻게 할까 생각하게 되거나, 어제

일하면서 실수한 것들이 떠오르는 등 머릿속에 잡념이 끊이지 않습니다. 아무것도 생각하지 않는다는 것은 너무도 어려운 일입니다.

하지만 좌선의 목표를 그 정도로 높은 수준에 맞출 필요는 없습니다. 먼저 '호흡에 의식을 집중하는 것'. 이것만으로도 지각과 감정을 받아들이고, 인정하고, 정리하는 데 도움이 됩니다. 호흡에만 의식을 집중하고 깊게 들이마시고 깊이 내뱉는다. 이것으로 충분합니다. 여러분도 매일 '호흡에 의식을 쏟는 시간'을 마련해 보길 바랍니다. 저는 세 가지 체험을 통해 호흡의 중요성을 실감했습니다.

첫 번째 체험은 숲속에서 했던 명상입니다. '숲속 명상'이라는 말을 들으면 나무들이 바람에 흔들리는 소리를 들으며 뺨을 간질이는 바람을 느끼고 나도 자연의 일부라는 것을 깨닫는 우아한 이미지가 떠오를지도 모릅니다. 그러나 실상은 팔다리에 쏟아지는 모기의 맹공격에 시달리며, 껄끄럽고 따끔거리는 풀과 돌 위에 앉아서 어떻게든 눈을 감고 버티려고 애쓰다 보니 시간이 어떻게 흘러가는지도 모를 지경이었습니다. 좌선을 마친 후, 눈을 뜨면서 외쳤던 첫 마디는 '아얏!'이었습니다. 모기의 공격에 시달리며 붕붕거리는 소리와 가려움을 무시하고 가만히 앉아 있는 것은 무척이나 어려운 일이었습니다. 숲속 명상은 저에게 모기에 잔뜩 물린 다리와 얼굴을 긁기 바빴던 비참한 기억으로 남아 있습니다.

두 번째 체험은 다도 합숙에서 겪은 일입니다. 그때 저는 새로 깐 딱딱한 다다미 위에서 몇 시간이나 앉아 있으면서, 다리가 끊어질 듯한 고통을 참아야 했습니다. 모든 사람이 말차 달이기를 끝낼 때까지 앉아서 바라봐야 한다는 것이 규칙이었기 때문입니다. 앉은 다리의 방향을 바꾸거나 힐끔거리며 주위를 둘러보거나 움직이는 것도 안 됩니다. 팽팽한 긴장감에 휩싸인 채 무릎에 올려놓은 손에서 배어 나오는 땀이 옷을 적시고 다리까지 축축해지는 것을 느꼈습니다. 정신이 먹먹해지는 가운데 1분 1초가 어서 지나가기를 그저 기다릴 뿐이었습니다. 그때는 정말 '더 이상은 안 돼……' 하는 생각뿐이었습니다.

세 번째 체험은 33시간에 걸친 출산이었습니다. 저는 자연분만으로 출산했습니다. 아랫배를 압박해 오는 산통이라는 고통의 파도에 대항해 버티는 것이 아니라 통증을 인식하고 몸의 힘을 빼서 통증이 밖으로 밀려가게 내버려 두는 방식으로 어떻게든 버틸 수 있었습니다.

이 세 가지 체험에서 제가 어떻게든 끝까지 견딜 수 있었던 것은 '호흡' 덕분이었습니다. 숲속 명상에서는 통증과

간지러움에 주의를 뺏기지 않기 위해 호흡을 깊고 길게 해서 온전히 호흡 자체에만 의식을 집중했습니다. 다도 합숙에서도 되도록 다리의 통증을 의식하지 않기 위해 호흡을 세는 것에만 집중했습니다. 출산할 때는 통증뿐만 아니라 몸속에서 날뛰는 듯한 강한 힘을 호흡과 함께 몸 밖으로 밀어내려고 했습니다.

'통증'이나 '가려움' 같은 지각은 좀처럼 무시할 수 없는 감각입니다. 걱정거리나 부정적인 감정도 마찬가지입니다. 무시하려고 할수록 마음속 어딘가에 자리를 잡아 계속 신경 쓰이게 합니다. 하지만 그런 부정적인 감각과 감정 자체를 나쁜 것이라 할 수는 없습니다. 벌어지는 상황을 무시하거나 거기에 휘둘리지 않고, 의식적인 호흡으로 자신의 마음가짐을 정리하고, 인정하고, 컨트롤해 가는 것. 그것을 위해 '호흡에 의식을 집중하는 시간'을 꼭 가져 보기를 권합니다.

목적 없이
그림 그려 보기

예전에 붓으로 그림을 그리는 워크숍을 기획하고 개최한 적이 있었습니다. 그 워크숍은 붓을 다루는 방법이나 그림의 기초를 배우는 워크숍이 아니었습니다. 말하자면, '그림을 그리지 않는' 워크숍이었습니다.

준비물은 먹과 하얀 종이뿐입니다. 먼저 20분 정도 먹을 갈면서 정신을 차분히 가라앉힙니다. 먹이 준비되면 일어나서 몸을 움직이고 전신을 풀어 주는 체조를 합니다. 그리고 다시 앉아서 책상 위에 하얀 종이를 놓습니다. 아직 그리지 않습니다. 단지 바라봅니다. 그저 종이를 계속 바라봅니다. 아무것도 보이지 않는다면 계속 바라봅니다. 문득 어떤 잔상이 보이는 듯 싶으면 그것을 붓으로 그려 봅니다. '그림을 그리지 않는다'는 것은 '잘 그린다', '멋지게 그린다', '주제를 생각하고 그린다'라는 생각들을 내려놓고 자신의 마음과 하나가 된 채, 그저 손이 움직이는 대로 종이 위에 붓을 움직이게 한다는 의미입니다.

무언가 구체적인 주제가 있는 것도 아니고 평가도 하지 않습니다. 그저 붓끝의 힘을 손으로 느끼고, 붓으로 전해지는 종이의 반발력과 숨을 들이마실 때 폐가 부풀어 오르는 감각, 내쉴 때 가라앉는 감각을 인식하면서 붓을 움직이는 것입니다. 목적 없이 무작정 붓이 움직이는 대로 두다 보면 참가자 각자가 발견하는 것이 있습니다. 저는 이 과정을 '붓의 산책'이라고 이름 붙였습니다.

워크숍을 마치고 참가자들에게 어떤 기분으로 그렸는지 물어보았습니다. 종이가 하얗게 비어 있는 것이 신경 쓰여서 그것을 메우려고 열심히 그렸다는 참가자가 있는가 하면 "내 고지식한 성격을 그림을 그리면서 발견했습니다"라고 답하는 참가자도 있었습니다. 또 다른 참가자는 "그림을 그리는 동안 말로는 설명하기 어려운 그리운 정경이 떠올라 '바다처럼' 그려 보았습니다"라고 하기도 했습니다.

무언가를 보고 묘사하려고 하면 정확하고 능숙하게 그

리고 싶어지고, 정답을 찾으려다 보면 의식이 외부로만 쏠리게 됩니다. 반면 목적 없이 종이를 통해 자기 자신과 마주하고 평가나 정답이라는 외부의 기준을 내려놓으면 마음속에 소중하게 여기는 것들의 윤곽이 모습을 드러냅니다.

붓으로 종이 위를 춤추듯 '붓의 산책'에 나서 보는 것은 어떨까요? 점점 자신의 마음이 정리되어 가는 것을 느낄 수 있을 것입니다.

습관 열.

말을 되도록
감정적으로 써 내려가 보기

말은 단순한 소리가 아니라 감정을 담는 매개체입니다. '바보'라고 말할 때도, '사랑해'라고 말할 때도 우리의 말에는 그때의 감정이 담겨 있습니다. 말로 표현하고 나서야 비로소 스스로 깨닫게 되는 감정도 있습니다. 그런데 나이를 먹을수록 자기 감정을 강하게 드러내어 표현하기를 점점 꺼리게 됩니다. 물론 개인적인 감정을 잘 갈무리하는 것은 사회생활에서 중요한 일입니다. 그러나 늘 감정을 억누르고 있으면 표현되지 못한 감정은 마음속에서 휘몰아치게 됩니다. 그러니 감정을 말로 누군가에게 전달하는 대신 글로 표현해 봅시다.

저는 중학생 때부터 일기를 쓰기 시작했습니다. 딱 그 무렵에 학교에서 왕따를 당했습니다. 학교에는 의지할 사람이 없었고, 제가 느낀 부조리함과 슬픔을 어떻게 표현해야 좋을지 알 수가 없었습니다. 그때 서툰 글이라도 해도, 내 감정을 직시하고 글로 표현하면 스스로도 납득할 수 있을 것 같아 일기를 쓰기 시작했습니다. 그것은 타인을 위한 것이 아니었습니다. 오직 저 자신을 위해 단어를 고르고 골랐습니다. 그러기를 수개월, 저의 감정을 정확하게 표현한 말, '가슴 아픈 부분을 어루만지는 손길 같은 표현'을 발견했습니다. 저는 그때 처음으로 글에 구원받았습니다.

인생에서 부정적인 일은 가능한 한 겪지 않는 게 제일 좋겠지요. 모두가 그렇게 기도하지만, 인생이 그렇게 흘러가

지만은 않습니다. 저는 부정적인 감정이야말로 '진정한 나'를 발견하는 매우 소중한 감정이라고 생각합니다. 어려운 일이나 괴로운 일이 생겼을 때 감정을 억누르고 웃으려 애쓰기보다는 글로 솔직한 마음을 써 내려가 보세요. 그 일로 인해 얼마나 자신의 마음이 무너지고 상처받고 있는지 써 내려가 봅시다. 누군가에게 보여 주기 위해 쓰는 것이 아니니 또박또박 바르게 쓸 필요는 없습니다. 노트든 일기장이든 스마트폰 메모장이든 상관없습니다. 자신의 감정을 토해 내는 성역으로 만들어 보세요. 그런 다음 자신이 쓴 글을 바라보며 자기 안에 부글거리는 감정을 받아들입니다. 이런 과정이 형용할 수 없이 혼란스러운 감정을 이해하고 정리할 수 있도록 도와줍니다. '도망칠 곳이 있다'는 생각만으로도 나중에는 글을 쓰지 않아도 감정을 정리할 수 있게 될 것입니다.

부정적 감정과 긍정적 감정 모두 우리의 인생을 채색해 주는 소중한 감정입니다. 자신의 감정을 받아들이고 정리하는 힘을 키우면 설혹 나쁜 일이 생기더라도 그 부정적인 감정까지 감성을 갈고닦는 밑거름으로 만들 수 있습니다. 내 주변과 호흡, 그리고 마음을 정리하는 습관을 익혀서 매일을 기분 좋게 살아가기. 이 습관이 당신이 본래부터 가지고 있는 감수성을 높이고 발휘하는 토대를 만들어 줄 것입니다.

3장

매사를 다각적으로 인식하는

'관점을 바꾸는 습관'

감성적인 사람은
항상 타인과는 다른 관점으로
세상을 인식합니다.
그리고
거기서 태어나는 아이디어는
항상 독창적이고 혁신적입니다.

감성적인 사람의
'관점을 바꾸는 열한 가지 습관'을
살펴봅니다.

지도를 반대로
놓고 보기

우리는 태어나면서부터 눈이나 귀, 코와 같은 감각기관을 사용해 사물을 파악해 왔습니다. 그런 감각 정보로부터 얻은 주관이 그 사람의 개성을 만듭니다. 그와 달리 객관은 주체를 그 주위에서 보았을 때 얻게 되는 정보입니다. 객관이 있기에 자신이 서 있는 위치와 상황의 윤곽을 파악할 수 있습니다. 가령 자신의 몸의 윤곽을 그린 그림이 있다고 칩시다. 윤곽의 안쪽을 색을 칠해 채우면 자신의 몸을 그린 그림이 될 것입니다. 반대로 윤곽의 바깥쪽에 색을 칠하면 하얗게 남겨진 자신의 몸이 드러나게 됩니다. 즉 관점을 바꾸면 보이는 세상도 달라지는 것이죠.

관점을 의식적으로 바꿔 보는 습관을 익히게 되면 상대에 대한 공감 능력과 이해력이 풍부해지고 사물을 보는 다양한 시각과 해석을 얻을 수 있습니다. 더 나아가 세상과 시대의 흐름까지 상상할 수 있게 될 것입니다.

관점을 바꾸는 일은 사건을 조망하는 것만을 의미하지 않습니다. 상대방의 입장이 되어 보거나 제삼자의 입장이 되어 관점을 반전시켜 보는 등 다양한 방법이 있습니다. 요즘 제가 권하는 방법 중에는 '지도를 반대로 놓고 보기'가 있습니다. 일반적으로 지도를 볼 때 우리는 육지 부분을 기준으로 봅니다. 하지만 간혹 무심결에 바다 부분을 주인공으로 볼 때가 있습니다. 저는 이것을 '땅과 지도의 반전'이라 부릅니다.

착시 미술도 그 예가 될 수 있습니다. 착시 미술은 시점에 따라 보이는 것이 달라지는 신기한 그림을 말합니다. 시점에 따라 젊은 여성으로 보이기도 하고 노파로 보이기도 하는 〈여자와 노인〉, 백지 부분을 보면 항아리로 보이지만 검은 배경을 보면 마주 보는 사람의 얼굴로 보이는 〈루빈의 꽃병〉 등이 유명합니다.

이처럼 관점을 바꿔 보면, 세상에 존재하지만 나에게는 잘 보이지 않았던 것들의 존재를 의식할 수 있게 됩니다. 가까이에 있지만 보이지 않았던 부분이 보이기도 하고, 생각지 못했던 깨달음과 아이디어가 떠오르기도 하며, 그로부터 자신만의 독창적인 사고가 생겨나기도 합니다.

전자기기 기업 '파나소닉'은 2010년에 'GOPAN'이라는 제품을 출시했습니다. 홈베이킹 가전제품은 이전에도 있었지만 GOPAN은 생쌀을 찧어 쌀가루를 만들고 그것으로 빵을 만드는 최초의 가전제품이었습니다. '쌀가루는 구하기 어렵

바다가 주인공?!

다', '쌀가루 빵은 빵집에서 사는 것이다'라는 통념에 반기를 들고, '그렇다면 쌀가루부터 만들자!'는 발상에서 만들어졌습니다. 밀가루 알레르기를 가진 사람에게 쌀가루 빵을, 게다가 쌀가루부터 집에서 안전하게 만들 수 있다는 발상은 대단히 획기적이었습니다. 판매 당시 예약 문의가 쇄도하면서 생산량이 이를 따라가지 못할 정도였다고 합니다. 이제는 쌀가루를 구하기가 쉬워져서 생산이 중지되었지만, 쌀가루 빵과 건강빵 유행을 선도한 가전제품이었습니다.

2013년 무렵 실적 부진 때문에 어려움을 겪던 유니버설 스튜디오 재팬은 기사회생의 찬스를 생각해 냅니다. 그것은 '제트코스터를 반대 방향으로 달리게 한다'는 전략이었습니다. '제트코스터는 앞을 보며 타는 놀이기구다', '방문객을 늘리기 위해서는 새로운 놀이기구가 필요하다'라는 생각에 의문을 제기하고 다른 관점에서 문제를 바라봄으로써 태어난 아이디어였습니다. 이 전략은 큰 히트를 쳤고 바닥을 치던 실적이 급상승한 요인 중 하나가 되었습니다.

그렇다면 발상을 전환하기 위해서는 어떤 시선이 필요할까요? 바로 놓치고 못 본 것은 가까이에 있다고 믿는 것입니다. 처음에 보였던 것이 관점을 바꾸는 것만으로 전혀 다른 사물로 보이는 현상은 착시 미술에서만 일어나는 일이 아닙니다. 일상에서도 흔히 일어나지요. 위기라 여긴 것이 기회가 되기도 하고, 쓸모없다고 여겨지던 것이 소중한 자원으로 인식되기도 합니다. 새로운 발견과 역발상은 관점을 바꿀 때 찾아옵니다.

습관 들.

작가의 마음으로
작품 바라보기

요즘에는 AI 등의 기술이 발전을 거듭하며 예술에도 활용되고 있습니다. 그러나 인간이 만든 아날로그 예술에는 다른 차원의 가치가 숨어 있습니다. 바로 '사람의 손이 현실 속에 남겨 둔 흔적'이라는 점입니다. 사람의 손에 의해 만들어진 아날로그 작품을 감상하고 작가의 의도나 생각을 상상해 보는 것을 통해 '보는 쪽'에서 '만든 쪽'으로 관점을 옮겨갈 수 있습니다.

2016년에 오사카시립미술관에서 〈왕희지王羲之에서 홍법대사弘法大師에 이르기까지, 일본과 중국의 명필 경연〉이라는 전시회가 개최되었습니다. 왕희지는 4세기에 활동한 중국의 정치가이자 서예가입니다. 그의 대표작인 〈난정서〉는 서예인이라면 한 번쯤 들어 본 적이 있을 것입니다.

어릴 적 서예를 배웠던 저도 행서한자의 열 가지 서체 중 하나로 획을 약간 흘려 씀 입문편으로 〈난정서〉를 필사했습니다. '永和九年 歲在癸丑(영화구년 세재계축)'으로 시작되는 편안한 글씨체는 지금도 눈을 감으면 머릿속에 선명하게 떠오릅니다. 안타깝게도 왕희지의 진본 작품은 존재하지 않습니다. 현재 볼 수 있는 〈난정서〉도 글 위에 종이를 놓고 글자의 윤곽을 따라 '쌍구진묵双鉤塡墨'이라는 기법으로 필사한 것이 전해지고 있는 것입니다.

전시회장에 들어서자 전시된 글들에서 생동감과 강한 에너지가 눈과 가슴으로 뛰어들어 오는 듯 했습니다. 마치 커다란 나무와 바위가 가득한 숲속에서 길을 헤매고 있는 기분이 들어 다리에 힘을 주고 서 있지 않으면 압도되어 버릴 듯한 박력이 느껴졌습니다.

서예 작품을 볼 때는 두 가지 감상법이 있습니다. 하나는 문장의 의미나 누가 누구에게 무엇을 전달하기 위해 쓴 글인가를 살피는, 지식을 얻기 위한 감상법입니다. 다른 하나는 마치 내가 글자를 쓰고 있는 것처럼 쓰는 순서를 상상하며 머릿속으로 첫 글자부터 필적을 따라가 보는 감상법입니다. '삘기'와 '꺾기', 천천히 쓴 부분과 힘 있게 쓴 부분, 어디서 호흡을 정리하고 어디에서 호흡을 멈추는가를 작가가 된 마음으로 상상해 보는 겁니다. 그러면 그 작품이 만들어진 시대의 배경까지 상상할 수 있게 되고, 글을 쓸 때 작가의 마음을 이해할 수 있게 됩니다.

서예뿐만 아니라 그림과 책도 작품을 작가의 시점에서 보면 작가의 마음과 에너지를 느낄 수 있게 됩니다. 그렇게 작가의 마음을 이해하게 되면, 지금까지와는 다른 시선과 감각이 싹을 틔우게 될 것입니다.

말을 문자로 바꾸어 보기

어릴 때 "솔직해지렴"이라는 말을 들어 본 적이 있나요? 많은 부모가 아이에게 하는 말이라, 한 번쯤은 들어 보았을 것입니다. '솔직하다'의 의미를 사전에서 찾아보면 다음과 같은 의미가 있습니다.

'거짓이나 숨김이 없이 바르고 곧다.'

이는 곧 흐림 없는 맑은 눈으로 바라보는 것을 뜻합니다. 사람이 품고 있는 감정에는 그때까지의 경험과 지식에 따라 생겨난 '선입견'이 전제되어 있습니다. 이 선입견을 제거하고 맑은 시선을 유지하는 것도 '관점을 바꾸는' 일의 하나입니다. 그렇지만 다른 사람의 말을 곧이곧대로 받아들이기란 나이가 들수록 더욱 어려워집니다. 자기만의 방식과 지금까지 쌓아 온 자존심이 이성적인 이해를 방해하기 때문입니다.

싫어하는 사람이 하는 조언은 역시 받아들이기 어렵습니다. 그 말은 나를 위한 것이 아니라 상대방 본인이 마음 편해지기 위해서 하는 말로 왜곡되어 받아들여지기 마련입니다. 같은 말이라도 존경하는 선배에게 듣는 것과는 느끼는 바가 다를 것입니다. 말하는 사람이 누군지에 따라 전해지는 온도가 다른 것은 당연합니다. 여러분도 그런 경험이 있지 않나요? 그것이 바로 선입견이 인지를 방해하는 상태입니다. 설사 싫어하는 사람에게 들은 말이라 해도 조언 자체는 옳은 말일 때도 있습니다. 자기 생각을 고집하고 다른 관점을 거부하는 것은 결과적으로 자기 감성의 폭을 좁게 만드는 것입니다.

타인에게 들은 말들을 문자로 바꾸어 노트에 적어 두고 살펴봅시다. 그 말을 들었을 때 드는 감정은 일단 옆으로 밀어 두고, 의미만을 추출해 '자신에게 중요한 것인지'를 생각해 보는 겁니다. 문자가 된 말을 순수한 눈으로 관찰해 보면 마음은 아프지만 의외로 정곡을 찌르는 의견일지도 모를 일입니다.

감정을 뒤로 하고 솔직하게 사물을 바라보는 것은 궁극

적인 '조감俯瞰'입니다. 물론 듣기 싫은 말을 받아들이는 것은 쉽지 않은 일입니다. 하지만 미움 받을지도 모르는 리스크를 지고서도 하기 어려운 말을 해주는 사람은 무엇과도 바꿀 수 없는 소중한 존재입니다.

감정을 분리하고 솔직한 눈으로 바라보는 것. 자신의 시선이나 상대방의 시선이 아닌, '조감'해서 바라보는 일. 다른 관점을 받아들일 때, 세상에는 자신을 성장시키는 말이 넘치고 있음을 깨닫게 됩니다.

그릇을 화분으로
사용해 보기

"이것은 무엇을 담는 그릇인가요?"

그릇을 사러 오는 손님들이 자주 하는 질문입니다. 그럴 때마다 저는 항상 그릇을 머리에 올리며 이렇게 대답합니다.

"모자로 사용하셔도 좋습니다!"

농담으로 건네는 말이지만 진심이기도 합니다. 손님 중에는 '작가의 의도와 다르게 사용하는 것은 실례'라며 작가의 마음을 존중하려는 사람도 있습니다. 무척 감사한 일이지만 한편으로는 아쉬운 마음도 있습니다. 저는 부디 그릇을 구매한 이들이 자유롭게 생각해서 사용하길 바라기 때문입니다. 구입한 그릇이 그들에게 상상력을 펼칠 수 있는 물건이 되기를 바랍니다.

"저기 제과점의 몽블랑 케이크와 어울릴 것 같으니까 이 그릇을 사야지."
"이 그릇에 분재를 심으면 집의 인테리어와도 어울리겠어."

이처럼 여러분의 생각과 의도에 맞추어 그릇을 사용해 보세요. 제 그릇이 '분재를 놓았더니 거기에 어울리는 테이블이 사고 싶어'라는 생각을 하게 하고 감성이 열리고 새로운 만남과 행동으로 이어지는 토대가 되면 얼마나 좋을까요.

제가 담당하고 있는 그릇 브랜드인 'SIONE'는 '이야기가 있다'는 콘셉트를 중요하게 생각합니다. 제가 만드는 이야기에 따라 그릇에 그리는 그림이 다양하게 전개되기 때문입니다. 저는 각각의 그릇을 자유롭게 조합해서 사용할 수 있도록 형태를 통일하고 있습니다. 요리를 담는 그릇으로 사용하는 것은 물론, 어떤 그릇은 받침, 어떤 그릇은 뚜껑이 되기도 하고, 다른 형태의 그릇과 어울려 사용할 수 있도록 만들고

있습니다. 그리고 그릇의 형태만이 아니라, 이야기도 자유롭게 조합할 수 있습니다.

예를 들어 바람이 그려진 그릇과 벚꽃이 그려진 그릇을 함께 사용하면 머릿속에서 벚꽃 잎이 날리는 이미지를 떠올릴 수 있지 않을까요. 그런 장치는 사람의 상상력을 환기합니다. 마술 공연을 보면서 우리는 어떤 장치가 숨겨져 있는지 상상하게 됩니다. 그처럼 공연을 위해 계획해서 쓰는 장치가 아니더라도 세상에는 많은 장치가 숨어 있습니다. '이것은 이렇게 사용하는 것이 당연하다'는 고정관념에서 빠져나오면 생각지 못한 곳에서 우연이라는 장치가 나타나서 새로운 발견과 만남을 만들어 낼지도 모릅니다. 시험 삼아서 여러분의 집에 있는 그릇의 새로운 사용법과 보다 자유로운 조합을 생각해 보길 바랍니다.

자유로운 조합을 창조하는 과정에는 반드시 '상상'이 개입되기 마련입니다. 그리고 그 상상의 단계에서 여러분은 무한한 가능성으로 채워져 있습니다. 그릇을 사용하는 방법은 작은 예에 불과합니다. 당연한 것들에 대한 관점을 바꿔 보면 자유롭고 무한한 가능성으로 가득 찬 세상이 보이게 될 것입니다.

습관 다섯.

감정이 아닌
관계로 생각해 보기

인생에는 항상 만남과 이별이 있습니다. 최근에는 경력을 쌓고 기량을 향상하기 위해 이직을 하는 사람도 많고, SNS를 계기로 한 교류도 많아지는 등 점점 사람과의 만남과 헤어짐이 흔해지고 있습니다. 이런 시대를 살아가는 여러분의 삶을 되돌아보세요. 지금까지 사귀어 온 사람들이 여러분 곁에 모두 남아 있나요? 관계성을 지속적으로 유지하면서 살아가기란 간단한 일이 아닙니다. 인간관계의 끝에는 감정적으로 굴게 되는 경우도 많고, 어느 날 갑자기 소식이 끊겨 버리는 경우도 있습니다. 그러나 인간관계를 그때의 감정이 아닌 하나의 관계로서 바라본다면 또 다른 면을 볼 수 있을 것입니다.

저는 이십 대에 사가현 다케오시의 도예 공방과 그래픽 디자인 사무소 두 곳에서 일했습니다. 각각의 장소에서 여러 선배와 선생님을 만나 많은 것을 배웠습니다. 그 후에 독립해서 제 브랜드인 'SIONE'를 론칭한 후에도 그분들과의 관계를 소중히 하고 있습니다. 덕분에 첫 번째 공방에 있을 때 알게 된 사가현 아리타 마을과의 연으로 지금의 브랜드 그릇을 만들게 되었습니다.

두 번째 회사에서 만난 선배는 'SIONE'의 로고와 핵심 비주얼을 만들어 주었습니다. 브랜드의 온라인숍을 운영할 수 있게 된 것도 세 번째 회사에서 얻은 경험과 관계 덕분이었습니다. 생각해 보면 관계를 끊지 않고 소중히 대해 왔기 때문에 지금이 있는 것이라고 해도 과언이 아닙니다.

지금까지 세 회사에서 체험했던 모든 경험을 조감해 보면 그것들이 제 인생의 큰 줄기가 되어 있음을 알 수 있습니다. 그래서 조금 먼 시점에서 바라보면 줄기 주위에는 다른 사람의 인생이 그물망처럼 뻗어 있고 또 하나의 세상을 이루고 있음을 발견하게 됩니다. '여러분이 만든 인연'과 '여러분이 없었다면 만들어지지 않았을 인연'도 있겠지요. 과거를 돌아보거나 엇갈린 관계를 무리해서 회복하려고 애쓸 필요도 없습니다. 인간관계는 시작이 있으면 끝도 있습니다. '지금'

시점의 감정에만 치우치지 말고, 조금 멀리 바라보며 과거와 미래로 이어지는 '관계'로 인간관계를 이해해 보세요.

　누군가와의 불편한 기억도, 지금까지 인연이 계속되는 좋은 기억도 모두가 지금의 자기 자신을 만들어 준 소중한 역사입니다. 이런 점도 받아들이고 그런 관계들을 통해 얻어지는 것들을 소중히 하며 그 의미를 살려 나가기를 바랍니다.

상대방과 시선을 맞추며
이야기해 보기

일본인은 부끄러움을 많이 타고, 이야기할 때 상대의 눈을 바라보지 않는 경향이 있습니다. 에도 시대 이전의 일본에서는 나이가 많거나 신분이 다른 사람과는 시선을 맞추지 않는 것이 예의였습니다. 헤이안 시대의 여성은 발이 처진 곳에서 생활하며 배우자 외에 다른 사람과 얼굴을 마주할 수 없었습니다. 상대의 눈을 바라보지 않고 대화하는 일본인의 모습은 이런 문화가 굳어진 결과일지도 모릅니다.

평소에 눈을 마주 보며 이야기하는 것이 습관이 되면 그것이 가능하지 않을 때 자신의 감정에 생기는 변화를 알아챌 수 있습니다. 대화 중에 자신의 상태를 객관적으로 파악할 수 있는 바로미터가 되는 셈입니다.

도시에 살면 매일 많은 사람과 만나게 되는데, 일일이 시선을 맞추거나 필요 이상으로 사람들과 소통하는 것을 귀찮아하는 사람이 많습니다. '친구와는 눈을 보며 이야기하지만, 편의점의 점원과는 시선을 마주치지 않아도 된다' 이렇게 생각하는 사람도 있습니다.

외국에서는 아이 컨택을 중시합니다. 특히 미국이나 유럽 같은 다민족 국가에는 다양한 가치관과 문화가 혼재해 있기 때문에 오해가 발생하기 쉽고, 대화할 때 눈을 마주 보지 않으면 뭔가 감추고 있는 것으로 오해해서 신뢰를 얻기가 어려워지기도 합니다.

저는 친구와 대수롭지 않은 대화를 하거나 비즈니스 자리에서 중요한 대화를 할 때 기본적으로 위압적으로 느껴지지 않는 수준에서 시선을 맞추려고 노력합니다. 상대방의 말의 진위를 파악하려는 의도도 있지만, 편의점 점원과도 되도록 시선을 맞추며 고마운 마음을 전달하려고 합니다. 그런 습관을 갖게 되면 자신이 상대방의 눈을 보고 말할 수 없을 때 마음의 이상 상태를 알아챌 수 있게 됩니다. 상대가 위압적이라거나 마음속을 읽힐 것 같다거나, 자기 말에 자신이 없다거나 하는 것들 말이지요. 눈을 딴 곳으로 돌리게 하는 자신의 심리 상태를 인식할 수 있기 때문에 개선이 가능해지고 마음 정리가 가능해집니다.

모르는 사람을 아무렇게나 힐끔거리며 봐서는 안 되지만 인사와 예를 표할 때에는 상대의 눈을 바로 보고 '마음'을 전하는 것이 좋습니다. 그런 행동은 상황을 조감하는 것에 그치지 않습니다. 작은 대화의 물꼬가 되고, 편안한 분위기를 만들어 주며, 생활을 한층 더 즐겁게 해줄 것입니다.

습관 일곱.

내 기분이 좋아지는 말을
멈춰 보기

누군가와 대화할 때 자신을 객관화하는 것은 간단한 일이 아닙니다. 대화를 나눌 때는 상대의 말을 이해하고, 표정을 읽고, 자신이 할 말을 생각하는 등 다양한 사고가 동시에 이루어지기 때문에 항상 냉정하기가 쉽지 않습니다. 특히 질문을 받거나 제안을 해야 할 때는 자기 이야기에 빠지지 않도록 조심해야 합니다.

저는 종종 고민 상담을 해달라는 요청을 받을 때마다 중요하게 떠올리는 것이 있습니다. 그것은 내가 하는 말에 내 기분이 좋아지기 시작하면 이야기를 멈추자는 것입니다. 왜냐하면 그런 상태는 자존심과 인정 욕구에 휩쓸려 있는 상태기 때문입니다. 의견과 조언을 요청받고 상대를 위해서 시작한 이야기가 정신을 차리고 보면 나의 무용담이 되어 있거나, 내 이야기에 내가 취해 버린 경험이 있지 않나요? 상대의 사정이나 마음은 잊은 채 자기도 모르게 개인적인 경험과 정의감으로만 이야기를 끌어 가고 있다면 언제부터인가 이야기는 상대를 위한 것이 아닌 나를 위한 것으로 바뀌어 있을 것입니다.

인간은 본능적으로 '인정 욕구'가 있습니다. 누군가에게 인정받고 칭찬받고 싶다는, 다시 말해 자신의 존재를 인정해 주었으면 하는 마음입니다. 이것은 인간이라면 누구나 가지고 있는 본능적인 감정입니다. 이 감정 때문에 저도 모르게 자기를 잘 보이려는 데 필사적인 상태가 됩니다. 하지만 인정 욕구로 인해 쏟아 내는 말들은 설혹 그것이 옳은 말이라고 해도 상대방의 마음에는 가닿지 않습니다. 오히려 자신의 나약함을 드러낼 뿐이지요. 저는 다른 사람과 이야기할 때 제 기분이 좋아져서 '더 말해 줘야지' 싶어지면 일단 이야기를 멈춥니다. 그때는 대부분 정론과 감정, 경험치를 쏟아 내고 있는 경우기 때문입니다.

최근에는 부탁하지도 않았는데 조언을 하려는 사람이 늘어 종종 귀찮을 때도 있습니다. 그런 식으로 다른 사람에게 무언가를 알려 주는 일은 꽤나 매혹적인 것이어서 대화를 나누는 중에 자신을 객관적으로 바라보기가 어렵습니다. '이야기하면서 내 기분이 좋아지고 있는가'의 여부는 자신의 몸 상태를 의식해 보면 알 수 있습니다. 왠지 머리로 피가 쏠리고 말하는 속도가 빨라진다 싶을 때는 주의가 필요합니다. 그럴 때는 이야기를 멈추고 듣는 역할로 돌아갑시다. 대화에서 중요한 것은 내 이야기를 하는 것보다 다른 사람의 이야기를 듣고 상대방의 감정을 느끼는 것입니다.

습관 여덟.

다른 언어 공부해 보기

짧은 여행이라도 외국에 가보는 것은 관점을 과감하게 바꾸
고 일상에 쌓인 고정관념을 없애 줍니다. 그리고 '내가 생각
해 온 상식은 세상의 상식과 달랐구나' 하는 자각을 통해 몰
랐던 것들을 깨닫게 해줍니다. 자신의 가치관과 사고방식의
기초를 바꾸고 새로운 관점을 받아들이기 위해 다른 나라의
문화와 정경을 흡수해 봅시다.

　　제가 스페인에 갔을 때 올려다본 하늘은 마치 원색 그대
로의 물감을 칠한 듯, 일본에서 보아 왔던 하늘보다 짙고 선
명한 푸른색이었습니다. 스페인의 하늘과 비교했을 때 일본
의 하늘은 훨씬 엷은 물색에 가깝다는 것도 알게 되었습니다.

이 경험을 통해 저는 세상에는 정말 많은 '하늘색'이 존재한 다는 것을 알게 되었습니다. 영국의 하늘은 흰색에 가까운 회 색이었습니다. 무지개도 일본에서는 일곱 가지 색으로 표현 하지만 영어권에서는 여섯 가지 색으로 표현합니다.

나무의 색과 거리의 색, 채소의 색이나 문화는 그곳에 사 는 사람들의 사고에 영향을 끼칩니다. 기후와 풍토가 다르면 색뿐만 아니라 세상을 인식하는 방식도 그만큼 달라집니다. 환경과 문화 등 그 사람이 살면서 영향을 받아 온 모든 요소 가 얇은 종이가 쌓인 것처럼 토대가 되고 사고와 감성을 만들 어 내는 것입니다.

하늘색이 다른 것처럼 전혀 다른 사물을 보고 자란 사람 들은 아름다움뿐만 아니라 선악의 기준조차도 다를지 모릅니 다. 그래서 자국의 문화와 다른 문화를 보는 것은 새로운 관 점을 갖게 하지요.

또 가치관은 정경과 문화뿐 아니라 언어에 의해서도 형 성됩니다. 다른 언어를 배움으로써 그 언어를 사용하는 사람 들의 가치관과 국민성을 배울 수 있습니다. 일본어로 말할 때 는 점잖다고 생각되던 사람이 영어로 말할 때는 전혀 다른 사 람이 된 것처럼 긍정적이고 쾌활한 성격으로 느껴졌던 경험 이 있습니다. 일본어에서는 문장의 마지막에 부정과 긍정을 표현하지만, 영어는 문장의 처음에 표현합니다. 이렇듯 각기 다른 언어가 가진 표현이나 어순의 차이, 제스처 등이 같은 사람을 다른 성격으로 보이게도 하는 것이겠지요. 영어를 익힘으로써 그 언어를 모국어로 삼고 있는 사람들의 국민성이나 가치관을 내 몸에 스미게 할 수 있습니다.

이처럼 모국어와는 다른 언어를 습득해 보면 지금까지와는 다른 시선으로 세상을 이해할 수 있게 됩니다. 나이에 상관없이 배우기를 계속하고 접해 본 적 없는 문화와 가치관과 만나는 일은 감성을 갈고 닦는 데 도움이 될 것입니다.

습관 아홉.

변화를 긍정적으로
받아들이기

한 번 깨진 그릇은 원래대로 돌아갈 수 없습니다. 말 그대로 불가역적이지요. 특히 자주 사용하던 좋아하는 그릇이 깨졌을 때 드는 실망스러운 기분은 이루 말할 것도 없습니다. 저의 경우에는 생업인지라 그릇이 깨지는 것에는 익숙한 편이지만 그릇이 깨질 때 나는 소리는 여전히 불쾌합니다.

　일본에는 옻을 이용해 깨진 그릇을 붙이는 긴쓰기金継ぎ라는 전통 기술이 있습니다. 최근 인기가 높아지고 있는 이 기술은 깨진 물건의 불길한 이미지를 불식시키고 새로운 관점을 갖게 합니다.

　긴쓰기의 공정을 간단히 설명해 보겠습니다. 먼저 옻에

토분과 흙가루 등을 섞어서 접착제를 만듭니다. 깨진 조각에 이 접착제를 발라서 그릇 본체에 붙입니다. 그다음 이가 빠진 부분을 여러 번에 걸쳐 메꾼 후 '무로ㅅㅁ'라 불리는 습도를 맞춘 방에서 건조합니다. 마지막으로 수리한 곳에 옻을 바르고 금분으로 덮는 공정을 통해 복원을 마치게 됩니다. 옻을 사용할 때는 매번 무로에서 일주일 정도 건조합니다. 완전히 건조되지 않으면 다음 공정으로 넘어갈 수 없어서 완성될 때까지 수개월이 걸리는 경우도 있어 무척 수고롭고 시간이 드는 작업이라 할 수 있습니다.

깨져 버린 부분에 금을 씌운 것을 오히려 장식이나 문양으로 사랑하는 이 문화가 저에게는 늘 독특하게 느껴집니다. 보통 상처는 감추고 싶은 것이 아닌가요? 완벽한 것이 아닌, 부족한 것의 아름다움에 탄복하는 것. 그리고 복원하는 공정까지도 즐기는 것. 자기를 반성하고 고쳐 가는 듯한 이 작업 과정은 긴 인생에서 겪게 되는 일들과 닮아 있습니다.

요즘은 환경적인 관점에서도 '물건을 소중히 아끼며 사용하자'고 주장하는 사람이 많습니다. 물론 파손되지 않도록 소중히 사용하는 것도 중요하지만 저는 이렇게도 생각해 봅니다. '형태가 있는 것은 반드시 변화한다'고요. 긴쓰기로 다시 태어난 그릇과 깨진 파편들, 그것은 우리가 생을 마치고 이

문명이 없어지는 미래에도 분명히 남아 있을 것입니다.

　과거의 좋았던 시기를 언제나 마음에 담아 두거나 변화를 슬퍼할 필요는 없습니다. 긴쓰기와 그 정신을 배움으로써 과거를 후회하며 바라보기보다 항상 현재를 긍정하고 미래를 향해 힘차게 나아갈 수 있는 관점을 갖게 될 것입니다. 변화를 기꺼워하고 그에 필요한 긴 시간을 받아들일 여유를 긴쓰기가 우리에게 가르쳐 주고 있습니다.

'왜?'라고
계속해서 물어보기

진학, 취직, 결혼…… 사람은 인생에서 몇 번의 갈림길에 섭니다. 언제나 마음의 소리에 귀 기울여 선택하며 살고 싶지만, 마음이란 자신과 가장 가까운 것이면서 가장 알 수 없는 것이기도 합니다. 저는 그럴 때마다 스스로에게 '왜?'라는 질문을 던집니다. '나는 왜 이 직업과 회사를 선택했는가?', '왜 이 사람을 결혼 상대로 선택했는가?' 이렇게 '왜?'를 열 번 정도 반복하다 보면 내 안의 깊은 심리에 도달할 때가 있습니다. 이를 통해 진짜 감정과 내가 처한 상황을 파악하고 다른 관점에서 접근할 수 있습니다.

자신에게 '왜?'라고 물을 때 그 횟수는 중요하지 않습니다. 자신의 감정이 더 이상 나누고 쪼갤 수 없을 정도로 확실해질 때까지 묻는 것이 중요합니다. 저는 '소수素数의 대답'이될 때까지 계속하자는 생각으로 묻곤 합니다.

저는 도자기라는 소재를 사용해 작품을 만들고 제 생각을 표현합니다. 여기서 '도자기는 내 생각을 표현하는 데 가장 적합한 소재인가'라는 문제에 도달했다고 가정해 봅시다. '도자기 제작을 계속해야 하는가'라는 물음에 대해 계속할 이유와 그만둘 이유를 몇 가지 써 내려간 다음, 각각의 이유에 '왜?'라는 질문을 던집니다. 가령 '도자기라는 오래 남을 소재를 이용해서 후대까지 전할 수 있다'는 이유에 '왜?'라고 물으면 '그런 것은 도자기가 아니어도 가능한 것 아닌가?'라는 다음 질문으로 이어집니다. '오래 남는 소재라서 시간이라는 개념을 초월할 수 있다'는 대답에 '왜?'라고 다시 묻는다면, 분명히 책이나 영화처럼 미래의 후손들에게 시간을 뛰어넘어 전해질 수 있는 것이 존재한다는 것을 깨달음과 동시에 '그런데 왜 도자기를 고집하는가?'라는 물음이 생겨납니다. 이처럼 자신이 질문자가 되어 또 하나의 자신에게 끝없는 질문을 퍼부을 때, 결국 자연히 깨닫게 되는 답에 도달할 것입니다. 그것이 '소수의 대답'입니다.

질문을 이어 가다 보면 지금 이 노력이 내가 누군가를

다시 보기 위해서라거나 누군가가 나를 알아보게 하기 위해서임을 깨달을 때도 있을 것입니다. 프라이드와 콤플렉스 덩어리인, 인정하고 싶지 않은 자아가 나타날지도 모릅니다. 하지만 그것도 훌륭한 자기 자신입니다. 부끄러워할 것은 아무것도 없습니다. 본심을 덮어 버리고, 외적인 모습과 형편, 세간의 평가에 좌우되다 보면 결국 뜻하는 대로 일이 순조롭지 않을 때 그 이유를 다른 사람의 탓으로 돌리게 됩니다. 이런 결과를 맞닥뜨리지 않기 위해서라도 관점을 바꾸고 숨어 있는 자신의 본심을 끄집어내야 합니다. 그렇게 함으로써 진짜 자기 감성에 따른 선택이 가능해지고, 책임감 있는 행동을 통해 한 걸음 나아갈 수 있게 됩니다.

습관 열하나.

초기 설정 의심해 보기

모든 '당연한 것'은 누군가에 의해 만들어진 것입니다. 관점을 바꿔서 당신의 인생에 놓인 '초기 설정'을 의심해 봅시다. 지금 다루려는 주제는 감성을 키우기 위한 '관점을 바꾸는 습관'에서 가장 중요한 항목입니다. 상식을 의심하고 '모든 것은 바뀔 수 있다'는 관점은 여러분의 인생을 180도 바꾸어 버릴 수 있기 때문입니다.

본디 우리의 상식이란 언제 형성된 것일까요? 태어나 자라면서 부모의 의견과 내 주변의 사람들, 내가 사는 지역과 나라의 상식 등 우리는 다양한 '상식'을 배웁니다. 즉 자신이 '상식'이라고 생각하는 초기 설정은 부모와 선생님, 그 지역과 국가에 사는 사람 중 어쩌다 가까이 존재한 이들이 생각하는 '당연함'에 지나지 않습니다. 그럼에도 불구하고 '당연하다'는 기준을 배우는 것은 무척 중요한 일입니다.

수련자의 세계에는 배우는 단계를 일컫는 '수파리守破離'라는 말이 있습니다. '수'는 스승과 유파의 가르침, 형식, 기술을 충실히 배우고 지키는 것입니다. '파'는 배움의 형식을 기준으로 해서 스스로 새롭게 배우는 단계입니다. '리'는 독자적으로 새로운 형식을 만들어 내는 것입니다. 다도와 예능의 수련에서 먼저 '형식'을 배우고 익히는 것은 기준이 몸에 배어들게 하기 위함입니다. 최종적으로는 독자적인 길을 개척하게 된다 해도 '수'가 없다면 형식으로 인정받지 못합니다.

저는 인생에도 마찬가지로 '수파리'가 있다고 생각합니다. 어릴 적에 주위 사람들과의 교류나 교육을 통해 배운 것들로부터 자신의 '당연한 것'에 대한 기준이 만들어집니다. 그리고 사춘기를 겪으면서 유소년기에 당연하다고 여겼던 기준에 대해 자신만의 새로운 '당연한 것'을 창조하는 시기에 들어서게 됩니다. 윤리관을 포함한 모든 것을 스스로 생각하고 답을 찾아가는 과정입니다.

사람은 어느 정도 성장한 후에는 이미 형성된 '자신만의 당연한 것'을 좀처럼 바꾸기 어려워집니다. 그래서 의식적으로 '초기 설정을 의심'해 볼 필요가 있습니다. 나이가 들어도 '수파리' 정신을 가지고 '철저하게 자신의 머리로 생각해 보는 것'이 중요합니다.

　　모든 전제를 의심하는 것은 무척 귀찮은 일일지도 모릅니다. 맞는 말입니다. 지금까지 당연한 것으로 생각해 온 것들을 '납득할 수 있을 때까지 다시 생각한다', '자신의 머리로 생각한다'는 것은 실로 귀찮은 일입니다. 하지만 그렇게 관점을 바꾸어 주위를 바라보고, 상식이라는 벽 너머에 보이는 자신만의 판단 기준이 바로 '감성'입니다. 자신의 머리로 생각을 거듭한 자만이 자신의 감성과 만날 수 있는 것입니다.

4장

새로운 세계를 접하게 하는

'호기심을 가지는 습관'

감성적인 사람은
호기심을 가지고
호기심을 좇습니다.
그래서
항상 새로운 가치관과
정보를 손에 넣고
자기 생각도 깊어집니다.

이를 위해
'호기심을 갖게 하는 아홉 가지 습관'을
살펴보겠습니다.

지역 특산품 선물해 보기

요즘 젊은 세대는 연하장을 잘 주고받지 않지요. 그러나 일본에서는 예전부터 연하장을 통해 '건강히 살고 있습니다', '아기가 많이 자랐어요' 같은 근황 보고를 해왔습니다. 1년에 한 번 보내는 소식으로 지속되는 관계도 있기에 연하장을 주고받는 것은 좋은 문화라고 생각합니다. 하지만 요즘의 근황 보고는 SNS로 대체되고 있습니다. '새해 복 많이 받으세요!', '올 한 해도 잘 부탁드립니다'라고 쓰인 연하장이 오가는 일은 어쩌면 그 의미를 잃어 가고 있는 것인지도 모릅니다.

　연하장을 대신하자는 것은 아니지만 추석과 연말연시 문화를 소중히 해보면 어떨까요? 누군가를 위해 선물을 고르는 일은 내가 사는 지역에 관심을 가지는 좋은 기회가 되기 때문입니다. 일본에서는 추석이면 평소 신세를 진 분들께 안녕을 기원하고 감사의 마음을 전하는 선물을 보내는 풍습이 있는데, 그 기원은 중국입니다. 음력 1월 15일은 정월 대보름, 7월 15일은 신에게 공물을 바치는 중원절입니다. 중국의 이런 풍습이 일본의 추석과 결합되면서 선물을 보내는 새로운 풍습이 생겨났습니다. 선조를 기리기 위해 제사를 지내고 친인척에게 공물을 보내던 것이 시초가 된 것입니다.

추석과 연말연시 선물을 보낼 때 여러분이 사는 지역의 명물이나 특산품을 보내 보면 어떨까요? 호기심을 가지고 찾아본다면 의외의 것들을 발견할 수도 있을 것입니다. 도쿄의 명물로 유명한 쓰쿠다니_{해산물이나 채소 등을 간장에 오래 졸인 음식}가 실은 오사카에서 유래했다는 것을 알고 있나요? 쓰쿠다니는 도쿄의 스미다강의 하구에 있는 쓰쿠시마에서 만들어지기 시작했기 때문에 쓰쿠다니라는 이름이 붙었습니다. 하지만 이 섬이 쓰쿠시마로 불리게 된 것은 도쿠가와 이에야스 시대까지 거슬러 올라갑니다. 지금의 오사카시 니시요도가와구 경작지에 살던 어민들을 이곳에 이주시키면서 쓰쿠시마라고 이름 붙인 것입니다. 즉 원래는 오사카 출신의 어민들이 만들던 것이 도쿄의 특산품이 되었습니다. 지금은 도쿄뿐만 아니라 전국 어디서나 구할 수 있는 음식이지만, 그 뿌리는 오사카에 있습니다. 여러분이 사는 지역을 잘 살펴보면 생각지 못한 곳에서 이런 의외의 것들을 발견하게 될지도 모릅니다. 게다가, '나만의 지역 특산품'을 보낸다면 받는 분의 기억에도 오래도록 남을 것입니다.

사가현 오미하치만에서 유명한 붉은 곤약은 보통의 회색이나 백색 곤약과는 다르게 벽돌 같은 붉은색을 띱니다. 이런 독특한 색은 산화철에 의한 것으로 맛은 보통의 곤약과 그리 다르지 않습니다. 오다 노부나가의 붉은 갑옷을 떠올려 만들었다는 등 그 유래에는 많은 설이 있습니다만, 한번 보면 잊을 수 없는 개성을 갖고 있습니다. 붉은 곤약을 보면 성안 마을의 풍경과 함께 보낸 이의 얼굴을 떠올리게 됩니다. 전국적으로 유명한 명물이 아니라도 이런 독특한 지역 특산품을 발견할 수 있을 것입니다.

저는 추석과 연말연시에 선물을 보낼 때, 매년 같은 물건을 보내려고 합니다. 물론 받는 분의 취향을 고려해 다소 구성을 바꾸기도 하지만, 되도록 제가 보내는 선물이 그 댁의 계절 선물이 되어 주기를 바라는 마음입니다. 저처럼 매년 같은 시기에 같은 선물을 보내 주는 사람도 있습니다. 그 계절의 과실과 특산품이 도착하면 식탁에 둘러앉아 가족들과 함께 먹으면서 그 사람의 이야기로 꽃을 피웁니다. 감사의 전화도 하고 오랜만에 이야기를 나눕니다.

같은 이유로 저의 선물이 일상의 작은 행복이 되고 식탁에 모여 앉아 저에 관한 이야기를 나눌지도 모른다는 상상만으로도 가슴이 설렙니다. 센스가 있는 사람은 고향의 명물을 보낼 때 그에 관련된 스토리를 알려 주기도 합니다. 전국적으로 인기 있는 상품을 보내는 것보다 추석과 연말연시를 계기로 거주하고 있는 지역과 출신지에 관심을 가져 보세요. 내 지역의 물건을 선물하는 것을 통해 자신의 뿌리에 긍지를 갖게 될지도 모릅니다.

평범한 물건들의 의미를
공부해 보기

예술뿐만 아니라 모든 세계에는 역사와 문화가 있습니다. 평범한 물건도 호기심을 가지고 만져 보면 자신이 알지 못했던 세계와 만날 수도 있습니다. 이렇듯 호기심을 가지는 것은 새로운 세계의 문 앞에 선다는 뜻입니다. 그러기 위해서 먼저 평범한 물건들을 호기심을 가지고 바라봅시다.

차茶의 세계를 예를 들어 보겠습니다. 일본에는 많은 차 생산지가 있고 체계화된 다도 문화도 있습니다. 그렇지만 품질 좋은 차가 페트병에 담겨 편의점에서도 판매되는 시대다 보니, 차는 즐기는 기호의 대상이라기보다 그저 갈증을 풀어 주는 음료가 되었습니다. 요즘 다호나 티 포트가 있는 집도 그리 많지 않을 것입니다. 그렇지만 익숙한 전통문화에 흥미를 가져 보면 그것이 감성을 키우는 계기가 될 것입니다. 자, 이제 일본 전통차의 세계로 들어가 볼까요?

일본 전통차를 한마디로 말하기에는 종류가 너무 많고, 각각의 차마다 추출에 적당한 물의 온도며 다기와 도구도 다릅니다. 도전하는 마음으로 책을 사들이고 차의 종류를 외우려고 책상에 앉아 봐도 생각만큼 쉽지 않다는 것을 깨닫게 됩니다. 종류가 너무 많고 어떤 차부터 마셔 봐야 할지 고민하는 사람도 있을 것입니다. 그런 사람에게 가장 먼저 권하고 싶은 차는 '옥로玉露'입니다.

'옥로'는 일본 전통차 중에서도 가장 정성 들여 만들어지는 고급 차, 즉 일본 전통차의 왕자라 할 수 있습니다. 옥로의 찻잎을 재배할 때는 '한랭사'라는 천으로 햇빛을 차단합니다. 햇빛이 적은 환경에서 빛을 찾는 과정을 통해 찻잎의 엽록소가 증가하기 때문에 잎의 초록빛이 더 진하고 깊어집니다. 또한 떫은 맛이 없고 차 맛이 진해집니다. 차를 우릴 때는 따뜻한 물을 식혀 사용하는데, 55도까지 식힌 소량의 따뜻한 물을 사용하고 2분에서 2분 30초 정도 천천히 시간을 들여 우려 냅니다. 차의 맛과 단맛을 내는 아미노산은 저온에서 추출하기 쉬운데, 그것이 옥로의 맛을 최대치로 끌어내는 비결입니다. 낮은 온도에서 우리는 데는 이유가 있는 것이지요. 그 맛은 육수처럼 맛이 응축되어 있어 달고 끈적하게 혀에 달라붙습니다. 음료라기보다는 음식처럼 농후한, 사골 국물이라 불릴 정도의 차입니다. 옥로를 처음 맛보았을 때 제가 생각했던 일본 전통차의 개념이 완전히 바뀌었습니다.

일상에서 흔히 마시는 '반차番茶'는 100도의 끓는 물에서도 좋은 맛을 내는 대표적인 일반 차입니다. 일반적으로 차는 '일심이엽一芯二葉'이라 칭해지는, 가지의 가장 끝에 달린 부드럽고 여린 잎 중 위에서 세 번째까지, 세 장의 잎을 이용해 만듭니다. 여린 잎을 딴 다음에 자라는 잎으로 만드는 '이반차', 그다음의 잎으로 만드는 '삼반차'를 통틀어 '반차'라고 부릅니다. 반차는 카페인이 적은 순한 차라서 카페인을 삼가야 하는 아이나 임산부도 걱정 없이 마실 수 있습니다.

교토에서 반차라고 하면, 가지째로 잘라낸 찻잎을 강한 불에서 덖어 독특한 스모키한 향이 특징인 '교토 차'를 의미합니다. 저는 '교토 차'를 무척 좋아해서 기름기가 많은 고등어 초밥을 먹을 때 함께 마십니다. 맛이 잘 어울리고 입 속을 개운하게 해주면서 진한 향기를 남겨 줍니다.

찻잎을 만드는 방법도 차에 따라 다양합니다. '옥로'는 앞서 언급한 대로 햇빛을 차단한 채 기르고, 찻잎을 덖은 후에 비벼 만듭니다. '전차煎茶'는 찻잎을 딴 후의 공정은 같지만, 햇빛 아래서 기릅니다. '말차'는 덖은 후에 비비지 않고 그대로 화로에 걸어 건조한 다음 전차碾茶라 부르는 상태로 둡니다. 그다음 잎맥과 줄기를 제거하고 절구로 찧어 분말로 만듭니다. 잎의 성분을 그대로 마실 수 있어 몸에 매우 좋은 차입니다.

앞서 설명한 차 이외에도 가부세차冠茶나 홍차와 같은 종류도 있는데 여기에서 전부 소개하기에는 한계가 있습니다. 모든 차의 공통점은 맛뿐만 아니라 만드는 과정과 색, 향기, 온도, 혀의 감촉, 그릇, 어울리는 요리 등 오감을 전부 활용해서 즐기는 의미 있는 문화라는 점입니다. 또한 추출되는 시간을 즐겁게 기다리는 여유와 차를 매개로 피어나는 대화, 사람과 사람의 관계 등 차를 마심으로써 시작되는 세계와 조우하게 되는 것도 차의 장점입니다.

차에 대한 지식이 있으면 방문하는 곳에서 나누는 대화가 더욱 즐거워질지도 모릅니다. 이 세계를 맛보고 싶어지지 않나요? 부담 없는 가격은 아니지만, 꼭 한번 음미해 보고 전통차 문화의 문을 열어 보기를 바랍니다.

차는 섬세해서 우리는 방법에 따라 맛이 달라집니다. 차를 우리는 방법을 배우게 되면 '어떻게 만들어졌는가'와 맛있게 차를 우리기 위해 필요한 다기와 다호, 차에 어울리는 과자 등 새로운 흥밋거리가 나타납니다. 그렇게 호기심이 이끄는 대로 가다 보면 더욱 깊이 차의 세계로 빨려 들어갈 것입니다.

차뿐만 아니라 주변에 흔히 있는 것이나 흥미는 조금 가지만 아직 먹어 본 적 없는 음식에 호기심을 가져 보세요. 그저 알기만 하는 것과 실제로 구매해서 사용하고 맛보는 일에는 큰 차이가 있습니다. 그 걸음이 당신을 새로운 '세계'와 조우하게 해줄 것입니다.

평범한 것들의 의미를
알아보기

평범한 것들에 흥미를 느낌으로써 그 세계뿐만 아니라 그 세계가 내포하고 있는 문화와 가치관을 접할 수 있습니다. 저희 집은 비교적 예의범절에 엄격한 편이었기 때문에, 어릴 적부터 식사 예절을 철저하게 교육받았습니다. 그 덕분에 주변에서 흔히 보는 도구의 사용법뿐만 아니라 그 사용법의 의미를 알 수 있었고, 흥미의 폭을 넓혀 갈 수 있었습니다. 식사 도구 중에서는 특히 젓가락 사용법에 대해 세세하게 배웠던 기억이 있습니다.

젓가락 예절에는 삼가야 하는 행동이 많습니다. 젓가락을 사용할 때에는 되도록 젓가락에 음식이 묻지 않도록 끝부분 1센터미터 정도만 사용합니다. 음식이 묻어 있으면 보기에도 좋지 않고 젓가락 받침을 사용하는 경우 받침에 음식이 묻을 수 있기 때문입니다. 또한 젓가락을 집는 동작도 세 단계로 배웠습니다. 먼저 오른손으로 젓가락을 집고, 들어 올린 젓가락의 가운데 부분을 왼손으로 받친 다음, 오른손을 아래쪽으로 바로 잡는 순서입니다.

익숙해지면 자연스러운 동작이 가능해져서 그리 힘든 동작은 아닙니다. 단지 이런 동작을 무의식적으로 할 수 있으려면 매번 동작에 의식을 집중해야 합니다. 일반적으로 사용하는 도구에도 문화와 예절이 있다는 것을 제대로 인식해야 비로소 동작도 자연스럽고 아름답게 보입니다.

일본인은 젓가락 예절뿐만 아니라 식사 예절도 중시합니다. 이것은 선종에서 시작된 종교적인 이유도 있습니다. 선종의 식사 예절에서 유래한 다도의 식사회에서는 '오시키折敷'라는 다리가 달려 있지 않은 쟁반에 밥그릇, 국그릇, 반찬을 올려 운반합니다. 이 세 개의 그릇은 식사를 마칠 때까지 사용하고, 식사를 마친 후에는 채소절임으로 그릇을 깨끗이 닦습니다. 그리고 '유토湯桶'라는 주전자 모양의 나무통에 누룽지와 옅은 농도의 소금물을 섞어 담아 세 개의 그릇에 붓고, 그릇에 남은 물과 함께 모두 마십니다. 절대로 음식을 남겨서는 안 됩니다. 때문에 다도의 식사회 때는 그릇에 먹을 수 없는 장식은 해서는 안 됩니다. 깨끗이 먹는 것을 중시하는 예절은 선종의 식사 예절에서 온 것입니다.

이처럼 평범한 행위들에 담긴 진정한 의미를 아는 것은 그 토대가 되는 문화와 정신성, 종교관, 미의식에 이르기까지 생각을 뻗어 나가게 합니다. 젓가락이나 그릇 같은 평범한 도구들의 바른 사용법과 그 의미를 알아보면 생각지 못한 세계가 열릴 것입니다.

말의 여운을 즐겨 보기

마음을 울리는 문장은 여운이 있습니다. 여운이란 '해석의 여지'라고도 할 수 있습니다. 상품 설명서나 비즈니스 보고서 같은 글은 사실을 기반으로 쓰인 것이라 여운은 필요치 않습니다. 중의적인 의미로 해석되는 문장은 오히려 문제가 됩니다. 하지만 소설이나 시 등의 문학은 읽은 후에 작가의 생각이 여운으로 남아 울림을 주는 정서적인 문장으로 되어 있습니다. 어떤 의미인지 상상하는 시간이야말로 감성을 키워 줍니다. 요즘에는 다들 이해하기 쉬운 문장을 좋아하지만 가끔은 다양한 해석의 여지가 있는 문장들과 친해져 보고 말의 여운을 즐겨 보세요.

그중에서도 궁극적인 생략법으로 짜인 문장이 단가短歌입니다. 단가는 '삼십일 문자三十一文字'로도 불리는데 '5·7·5·7·7' 글자로 짜여 한정된 소리의 수로 표현하는 대표적인 일본 전통시입니다. 소리의 수가 정해져 있다는 것 때문에 어떤 말을 고르고 어떤 말을 생략할지가 중요해집니다.

정서적인 문장을 쓰고 싶어진다는 것은 곧 누군가를 사랑하게 되었다는 뜻입니다. 헤이안 시대의 커플은 단가에 사랑하는 사람에 대한 마음을 담기 위해서 태양을 나로, 달을 당신으로, 운명을 강으로 은유하면서 시를 읊었습니다. 직설적인 표현을 선호하지 않았던 당시 문화의 영향도 있겠지만, 시를 선물 받은 사람은 그 비유와 한정된 말의 행간에서 상대방의 마음을 상상하면서 읽는 능력이 있었을 것입니다.

'단가 읊기'는 어려운 일일지도 모르지만 단어를 무작위로 짜 맞추며 이 같은 언어유희를 즐겨 보는 것은 어떨까요? 의성어와 의태어가 쓰인 단어 카드로 문장을 만드는 게임을 소개하겠습니다. 사물의 상태를 표현하는 말을 의태어, 소리를 말로 표현하는 말을 의성어라고 합니다. 사람과 동물의 소리를 표현한 의성어도 있고, 형용사와 부사 대신에 사용되기도 합니다. 이 의성어와 의태어를 활용해 문장을 만들어 봅시다.

먼저 50장 정도의 카드를 준비합니다. 복사용지 한 장을 작게 자르는 것으로 충분합니다. 그리고 자른 종이에 웃다, 화내다, 달래다, 노래하다, 걷다, 황홀해하다, 충분하다, 연결하다 등의 동사나 형용사를 적습니다. 그리고 껄껄, 끈적끈적, 바스락바스락, 새근새근, 탱글탱글, 쨍쨍, 줄줄, 둥둥 등 자주 사용하지 않는 의성어, 의태어도 써봅니다. 위에 쓴 것들 외에도, 당신도, 나의, 너의, 꿈에, 정말로, 태양이, 바다에, 더욱, 그래서, 그것이, 빵야, 그렇네, 언젠가 등 여러 단어를 써봅니다.

'당신과 / 그렇네 / 언젠가'

'그래서 / 그것이 / 빵야'

'더욱/ 웃는다 / 껄껄'

분명히 이상한 문장들이 만들어질 겁니다. 하지만 세 개의 단어 사이에 다양한 상상이 파고드는 것 같지 않나요? '당신과/그렇네/언젠가'라면 어떤가요? 저라면 무심결에 어떤 사람을 떠올릴 것 같습니다. '더욱/웃는다/껄껄'은 웃을 만한 일이 아니어도 더 크게 웃어 보자는, 산뜻한 기분마저 들게 합니다. 흔히 사용하지 않는 단어로 이루어진 의외의 조합은 상상력을 키워 줍니다. 이렇게 단어를 조합하는 게임을 시작으로 여운이 있는 문장을 즐겨 봅시다.

'알겠다'는 말을 멈춰 보기

'알겠습니다'와 '죄송합니다' 같은 말은 위험한 표현입니다. 왜냐하면 사실은 그렇지 않으면서 '알겠다'는 기분만 드는 일이 세상에는 너무 많기 때문입니다. 자기에게 과실이 있을 경우, 먼저 그런 사실을 충분히 인지하고 있다는 것을 전달하고 사과하는 행위는 극히 일반적인 대응이며 가정에서든 비즈니스 현장에서든 다르지 않습니다. 어쩌면 이것은 어릴 적부터 모든 가정에서 철저하게 가르치는 것 중 하나가 아닐까요.

하지만 '사죄하는 것'과 '이해하는 것'은 다릅니다. 여러분도 그 자리를 모면하는 것만 염두에 둔 나머지, 이해하지 못했는데도 '알겠습니다'라고 대답하고 있지 않나요? 혹은 경험으로 체득한 유형으로 사건을 일반화하고 '이해했다고 착각'하는 것은 아닌지 살펴봐야 합니다. 본인조차도 자신이 이해했다고 착각할 정도라면 그다음부터는 손쓸 방도가 없습니다. 그러니 '알겠습니다'라는 말을 쉽게 하지 않도록 합시다.

제가 '알겠다'는 말에 대해 생각해 보게 된 계기는 예전에 다녔던 선종 강습회에서 한 고승으로부터 '안다는 것은 무엇입니까?'라는 질문을 받았을 때입니다. 인간의 심리를 깨닫는 것, 체득하는 것을 '증득証得'이라 합니다. 석가모니께서 깨달음을 펼치셨을 때 그것은 어떤 경지였을까요? '어지러운 세상을 초월해 진리를 체득한' 이가 보았던 것을 현대를 사는 우리는 짐작조차 할 수 없겠지요. 슬프지만 우리는 깨달음의 경지를 짐작할 수 없습니다. 적어도 저에게는 108개 이상 존재할지도 모를 번뇌라는 것을 인지하는 것만으로도 한계입니다. 하지만 그것은 언제나 앞으로 나아가며 계속해서 성장할 수 있다는 뜻이기도 합니다.

여러분이 알고 있는 것, 이해한 것은 정말로 그 이상 생각해 볼 것이 없을 정도로 완전히 '증득한' 것입니까? 스스로 안다고 착각하는 것에 지나지 않는 일들이 세상에 수도 없을 겁니다. 이런 의식을 가지고 생각하다 보면 끝을 알 수 없는 지식의 소용돌이 속으로 빨려 들어가는 것 같고, 미지로 가득한 이 세계가 새삼 설레고 기대되지 않나요? 스스로 '알겠다'고 서둘러 결론지어 버리는 것은 마치 자신이 알지 못하는 세상을 이해하고 호기심을 불태울 수 있는 모험의 입구를 닫아 버리는 것과 같습니다. 무엇이든 자신의 경험만 믿고 단정하면 더 많은 지식과 매력을 만날 가능성이 줄어듭니다.

이런 생각을 하면 쉽게 '알겠다'는 말을 하기 어려울 것입니다. 스스로 가능성을 닫지 않는 한 호기심의 문은 열려 있습니다. 우리는 호기심을 통해 세상 모든 것에서 양분을 깊이 흡수하면서 감성을 키울 수 있습니다.

계절에 따라
향수 바꿔 보기

우리는 매일 바쁘게 살아가고 있습니다. 가사와 일에 쫓겨 하루가 지나가고, 계절마다 이어지는 행사를 좇다 보면 한 해가 훌쩍 지나고, 그러다 보면 한평생이 지나갑니다. 호기심을 가지고 날마다 새로운 무언가를 흡수한다고 해도 자기 안에 축적되는 것이 없다면 감성의 초석이 만들어지지 못합니다. 그럴 때, 향기의 힘을 이용해 자극의 질을 높여 봅시다.

향기와 기억은 강하게 연결되어 있다고 합니다. 나무의 향, 향수의 향, 허브와 스파이스의 향 등 특정한 향을 계기로 먼 옛날 방문했던 장소를 떠올린 경험이 있지 않나요? 제가 사용하고 있는 도예용 금 물감은 달콤하고 휘발성 있는 특유의 향이 있습니다. 제 손에서 항상 나는 이 향은 일상의 제작 공정을 떠올리게 합니다.

프랑스 소설가 마르셀 프루스트가 쓴 소설 《잃어버린 시간을 찾아서》에도 다음과 같은 묘사가 있습니다.

> 이제 우리 집 정원의 모든 꽃들과 스완 씨네 정원의 꽃들이, 비본 냇가의 수련과 선량한 마을 사람들이, 그들의 작은 집들과 성당이, 온 콩브레와 근방이, 마을과 정원이, 이 모든 것이 형태와 견고함을 갖추며 내 홍차 한 잔에서 솟아 나왔다.

이것은 주인공이 마들렌을 홍차에 적시며 그 향기를 맡은 순간 유년기를 회상하는 것을 묘사한 장면입니다. 단순히 향기를 기억해 내는 것이 아니라 한 잔의 차를 통해 강렬한 행복감과 함께 어린 시절의 선명한 풍경을 떠올리는 것입니다. 이것이 향기가 일깨운 기억을 묘사한 문장이라는 것이 놀라울 뿐입니다. 이처럼 향기를 통해 과거를 기억해 내는 경험을 해본 사람은 많을 것입니다. 이렇듯 후각은 오감 중에서도 과거의 기억과 가장 강하게 연결된 감각인 듯합니다.

그렇다면 왜 과거의 기억과 후각이 연결되기 쉬운 것일까요? 이 설명은 온전히 제 경험에 바탕을 둔 추측입니다만,

뇌는 냄새로 '부패'한 것이라 판단하게 되면 몸이 '위험'에 처했을 때의 반응을 보입니다. 냄새와 기억이 연결되어 있지 않다면 부패한 음식의 냄새를 기억하지 못해서 식중독으로 목숨을 잃게 될지도 모릅니다. 다행히도 과거에 경험해 본 냄새가 기억을 일깨우고, 과거의 경험을 회상해서 위험을 피하게 되는 것이지요.

그 점을 이용해서 계절별로 다른 향수를 사용하고, 매일의 기억을 그 향기에 연결시켜 봅시다. 향수를 싫어하는 사람이라면 집에서 사용하는 방향 제품을 계절에 따라 바꿔 보면 어떨까요? 저는 예전에 외국에 갈 때마다 향수를 사 모아서 100개 넘게 수집했던 적이 있습니다. 여행하는 지역마다 다른 향수를 사용하면 그 장소에서 얻는 체험과 향기가 기억 속에서 결합됩니다. 시간이 흐른 뒤 다시 그 향수를 뿌릴 때면 그 지역에서의 기억이 선명히 떠오르곤 했습니다.

저는 겨울에는 크리스찬 디올의 '리멤버 미'를, 봄이 시작되면 캘빈 클라인의 '이터너티'를 쓰는 식으로 계절에 따라 향수를 바꿉니다.

다도를 배우기 시작한 무렵부터 향수는 거의 사용하지 않지만, 가끔 중요한 순간으로 제 기억에 남기고 싶을 때는 특별한 향수를 뿌립니다. 소중한 날, 소중한 순간에 향기라는 표식을 남겨 두는 것이지요.

길에는 향기가 가득합니다. 스쳐 지나는 사람에게서 그리운 향기를 느끼고 과거의 소중한 기억을 선명하게 떠올리거나 나무의 향기로 어린 시절의 기억이 되살아나는 것을 계기로 수많은 감정이 소환될지도 모릅니다. 기억의 서랍을 늘리기 위해 다양한 것에 흥미를 갖고, 그로부터 얻는 경험과 지식에 향기를 더해서 무의식 속에 소중하게 남겨 두길 바랍니다.

20년 사용할 수 있는
물건 사보기

앞서 집을 정리하는 방법에 대해 이야기했었지요. 그러면 깨끗하게 정리된 공간에는 무엇을 놓아 두면 좋을까요? 하나의 지침으로 삼을 겸 오래 사용할 물건, 그것도 '20년 이상 사용할 수 있는 물건'을 사보는 것은 어떨까요? 적지 않은 가격을 지불하고, 오래 사용하기로 마음을 먹고 물건을 구매할 때는 실용성과 가격뿐만 아니라 '오래도록 사랑할 수 있을지'를 생각하게 되고 지금까지와는 다른 부분에도 관심을 쏟게 됩니다.

그럼 어떤 물건을 선택하면 좋을까요? 먼저 나를 외적으로 멋져 보이게 하는 물건, 즉 허세를 부리기 위한 물건을 선택해서는 안 됩니다. 자신의 마음속을 똑바로 바라보고, 사용할 때 따뜻하고 긍정적인 기분이 드는 물건을 선택해 보세요. 그리고 끌리는 물건이 생겼을 때 '내가 그 상품의 무엇에 돈을 지불하는가'를 이해하는 것도 중요합니다. 지금 시대에 우리가 돈을 지불하는 것은 '원재료'나 '생산비'가 아닙니다. 흔한 예로 스타벅스에서 커피를 주문할 때 우리는 커피 자체보다는 그 '공간을 사용할 권리'에 돈을 지불하고 있다고 볼 수 있습니다.

브랜드에 따라 차이가 있긴 하지만 화장품은 대체로 그 가격의 대부분이 '광고 선전비'입니다. 하이브랜드의 옷과 가방이라면 '광고 선전비'와 '유통비'에, 유서 깊은 브랜드 상품이라면 그 브랜드가 쌓아 온 '역사'와 '신뢰'에 돈을 지불하는 것입니다. 이처럼 상품의 가치에는 반드시 저마다의 이유가 있습니다. 하이브랜드 가방과 대기업 화장품이 나쁘다는 뜻은 전혀 아니지만, 나라면 무엇에 돈을 지불할까를 고민하고 선택하는 것은 중요합니다. 물건에는 경영자와 창작자의 이념이 담겨 있기 때문입니다. 그런 부분에 관심을 가지면 만드는 사람의 생각을 자신의 삶의 자양분으로 흡수할 수 있습니다.

저는 소중히 사용하고 싶은 물건을 구입할 때는 반드시 원재료와 기술에 비용을 들인 물건을 선택합니다. 우리가 장인의 물건을 믿고 사는 것은 '기술'이 보증되기 때문입니다. 장인은 가족 경영을 하는 영세기업이 많은지라 광고 선전에 비용을 할애하기는 어렵지만, 좋은 물건을 만들기 위한 도구와 기술을 습득하는 데는 지출을 아끼지 않습니다. 같은 가격이라도 광고 선전비에 비용을 쏟아 부은 물건과 제조 공정에 비용을 들인 물건이 있다면, 후자의 품질이 압도적으로 높을 것이라는 점은 말할 나위 없겠지요. 기술의 정수가 상품에 녹아들어 그 상품의 피와 살을 이루는 철학이 되는 것입니다.

그뿐만 아니라 제조 공정에도 관심을 두어 봅시다. 저는 봉제 등의 마감이 제대로 되어 있으면서 사용자의 편의를 고려한 상품을 선호합니다. 또한 한 브랜드가 자신들이 영향을 미치는 범위를 넘어, 보다 넓은 세계를 지향하며 만들어 낸 아이템을 좋아합니다.

과거 장인은 도매상을 통해 구매자와 연결되었기 때문에 고객과 직접 만나는 일이 드물었습니다. 하지만 최근에는 SNS 등을 통해서 자기 홍보를 하는 장인, 제작자에게 직접 연락해서 상품을 구매하는 사람 들이 늘고 있고, 상품에 담긴 의도를 묻고 답을 들을 수 있게 되었습니다. 제작하게 된 동기나 힘들었던 점, 만드는 과정에서 즐거웠던 일 등 제조 과정의 뒷이야기를 들을 수 있어 상품에 보다 깊은 애정을 가질 수 있게 됩니다.

　20년 이상 사용할 물건은 가격도 그에 상응하기 때문에 쉽사리 살 수 없을지도 모릅니다. 하지만 오래도록 소중히 사용할 마음으로 구입을 고려하게 되면 여느 때와는 다른 상품을 선택하거나 상품 이면의 스토리, 혹은 상품을 둘러싼 모든 것들에 호기심을 발휘하게 됩니다. 그런 관점을 통해 진지하게 바라본 상품과 서비스를 선택함으로써 인생에서 자신이 진정으로 원하는 것이 무엇인지에도 관심을 쏟게 됩니다.

　언젠가 가슴을 뛰게 하는, 소중히 하고 싶은 물건과 만난다면 그 조우의 순간에 그 물건이 담고 있는 것들에 대해 더 많이 알고 싶다는 감정이 싹을 틔울 것입니다.

100년 사용할 수 있는
물건 사보기

20년 이상 사용할 수 있는 물건을 구매했다면 다음으로는 100년 이상 사용할 수 있는 물건을 선택해 봅시다. 100년은 우리의 인생보다 긴 시간입니다. 따라서 100년을 사용할 물건을 고른다는 것은 다음 세대를 위한 무언가를 구입하는 것을 의미합니다. 어쩌면 여기서 우리의 관점이 완전히 바뀌게 될지도 모릅니다. 나 자신을 위해서만 사는 것이 아니니 '소유'가 아닌 '잠시 맡아 둔다'는 느낌에 가까울 겁니다. 언젠가 자식과 손자에게 건네줄 물건을 '지금 맡아 두고 있는 것'이라는 감각 말입니다.

예를 들어 기모노는 시대를 초월해 다음 세대에 물려줄

수 있는 물건입니다. 수십 년간 즐겨 입기 위해서 고가의 기모노를 구입하려면 꽤나 용기가 필요합니다. 하지만 다음 대에서 또 그다음 대까지 자식과 손자에게 대물림하며 즐겨 입을 것을 떠올리면 가격에 대한 감각이 바뀌지 않을까요?

기모노 외에도 유명한 그림이나 명물로 불리는 예술품은 오랫동안 그 생명력을 유지하는 아이템입니다. 만약 고흐의 작품을 가지고 있다면, 그 작품은 소유자가 죽고 난 뒤에도 가치가 이어집니다. 세대를 초월해 물려줄 수 있는 물건을 생각하면 한 번도 눈길을 주지 않았던 물건에까지 마음을 쓰게 되고, 이런 변화가 세상을 보는 방식도 달라지게 할 것입니다.

우리가 작품을 소유하는 기간은 그것이 존재하는 시간에 비교하면 그야말로 찰나일 뿐입니다. 즉 여러분은 후세에 그것과 만날 누군가를 위해서 그 작품의 한 시대를 담당하는 사람 중 하나입니다. '맡겨진 물건'이라 생각하면 좋은 상태로 보존해서 다음 세대에게 깨끗하게 남겨 주려는 책임감도 느끼게 될 것입니다. 또 그것을 소유하고 있는 지금 순간을 매우 소중하게 여길 것입니다. 제 아버지도 오래된 골동품이 자기 품에 있는 것은 긴 시간을 생각하면 잠시일 뿐이고 언젠가 누군가의 손에 건너갈 수도 있다고 말하곤 했습니다.

그런 아버지 밑에서 대대로 그릇을 굽는 집에 태어난 것,

도자기라는 소재를 사용해서 작품 활동을 하고 있는 것, 그리고 교토라는 곳에서 태어나고 자란 것이 제가 넓은 시야로 세상을 사유하게 된 까닭인지도 모릅니다.

꼭 100년 이상 사용할 수 있는, 자녀와 손자에게 물려줄 물건을 선택해 보길 바랍니다. 분명 세계가 넓어지고, 그것을 사랑하고 소중히 대하는 것과 동시에 어떻게 잘 보존할 수 있을지도 공부하게 될 것입니다. 또한 이런 마음가짐을 갖게 되면 시대를 초월하는 것에 호기심이 차오르고, 물건과 마주하며 함께 지내는 방법도 달라질 것입니다.

습관 아흡.

타인을 사랑해 보기

파트너가 생겼을 때 서로의 가치관과 감수성이 사뭇 달라 놀란 경험이 있을 것입니다. 연인이 될 정도니 다소간의 공통점은 있을지 모르지만 타인은 타인입니다. 사람마다 취미와 취향이 다른 것은 당연합니다. 100명이 있으면 100가지의 취향이 존재합니다. 타인을 사랑하고 서로의 취향을 함께 나누는 일은 세상을 이해하는 방법을 다양하게 만들어 줍니다. 이해할 수 없는 답답함을 느낄 때도 있지만 이 또한 중요한 공부가 되는 훌륭한 경험입니다. 호기심을 가지기 위한 마지막 습관은 타인에게 '애정'이라는 이름의 관심을 갖는 것입니다.

이제 '파트너를 가진다'는 말은 다양한 형태를 띠게 됐습니다. 법률혼에 얽매이지 않고 자신들만의 관계를 구축하는 '사실혼'을 선택하는 커플이 늘고 있고, 맞벌이하면서 아이를 갖지 않는 딩크족도 늘어나고 있습니다. 사회도 시대의 흐름에 맞추어 크게 변하고 있습니다.

일본은 결혼 후 아내가 남편의 성을 따라가게 되어 있으나, 각자의 성을 선택하는 '선택적 부부 별성'에 관한 논의가 이뤄지고 있습니다. 선진적이고 유연한 결혼 제도가 정착되어 있는 프랑스에서는 법적으로 결혼을 하지 않아도 결혼 관계와 거의 동등한 법적 우대를 받을 수 있는 'PACS'라는 사실혼 제도가 법제화되어 있습니다. 그리고 먼저 동거를 하면서 법적 계약 없이 사실혼 관계를 갖는 '자유 노조UNION libre'라는 제도도 있고, 파트너와의 관계도 다양해졌습니다.

2020년, 전 세계에 코로나19가 퍼져 사람들의 생활이 한순간에 바뀌었습니다. 이로 인해 자신의 생활을 되돌아보고 보다 충실한 삶을 살기 위해 노력하는 사람이 늘어났습니다. 그리고 누군가와 함께 있는 것이 얼마나 감사한 일인가 깨달은 사람도 적지 않을 것입니다. 그 결과로 결혼 적령기거나 회사에서 받는 압박 때문에 고통스러워하는 사람도 좀 더 가볍게, 누군가와 파트너로서 '지금 함께'하고 싶다는 솔직한 마음이 싹트고 있는 것 같습니다.

인생 100세 시대라 불리는 요즘, 한 번 관계가 정해졌다고 해서 그 관계를 무리해서 평생 이어 가야 할 필요는 없습니다. 다음 세대에 남길 작품을 '맡아 두는' 것처럼, 100년을 살아갈 서로의 시간을 '맡아 주는' 마음으로 충분한 것 아닐까요. '상대의 삶 중 한 시절을 함께 살아간다. 그리고 상대방도 당신 인생의 한때를 공유한다.' 진정한 파트너란 상대방에게 있을 앞으로의 인생을 '소유'하기보다 서로의 한 시절을 소중히 존중하며 영향을 주고받는 관계라고 생각합니다. 그 한순간이 쌓이고 쌓여 '함께 생을 마칠 때까지' 계속되는 아름다운 결과로 이어지는 것은 좋습니다. 하지만 그게 아니라 '영원히 함께 해야 한다'는 말에 발목 잡혀 있다면 진정한 사랑이라 할 수 없습니다. '결혼'이나 '교제'라는 형식에 집착하지 말고 자유롭고 다양한 관계가 존재한다는 생각을 가지고 가벼운 마음으로 사랑을 키워 갑시다.

사실 인간은 파트너가 없어도 살 수 있습니다. 혼자 지내는 것이 시간적으로도, 정신적으로도 보다 자유로울 수 있지요. 하지만 누군가와 함께 살아가고, 함께 생활을 영위함으로써 타인의 행동과 감정의 변화를 느끼며 살 수 있습니다. 함께 살아간다는 것은 이를 통해 일어나는 내 마음의 파도를 받아들이고 마음을 정리하면서 함께 걸어가는 방법을 결정해

가는 것입니다. 사고의 폭을 넓히고 새로운 세계로 가는 문을 열 수 있게 서로 돕는다면, 혼자 해낼 수 있는 것 이상의 배움과 깨달음을 얻을 수 있을 것입니다.

상대방을 통해 서로 다른 가치관과 만나는 일은 여러분의 감성을 뒤흔드는 일입니다. 그렇게 흔들리면서 자신 안에 다양한 것을 받아들일 수 있을 만큼 마음이 잘 성장한다면 더욱 폭넓고 깊이 있는 사랑의 세계를 발견할 수 있을 것입니다.

**5
장**

자신의 감각을 믿는

'결정하는 습관'

감성적인 사람은
자신의 선택을 믿고
단호하게 결정할 수 있습니다.
그래서
정답이 없는 문제에도
해답을 찾아내지요.

이를 위한
'결정하는 여섯 가지 습관'을
살펴보겠습니다.

습관 하나.

선택의 이유를
소리 내어 말해 보기

'결정하는' 행위는 근력운동과 비슷한 면이 있습니다. 근육에 매일 적은 부하를 가하면서 조금씩 그 강도를 늘려 가면, 근육은 점차 자라나 더 무거운 강도를 견딜 수 있게 됩니다. 결단력도 이와 같습니다. 인생을 걸어야 하는 큰 결정을 처음부터 잘하는 사람은 없습니다. 근육을 단련할 때처럼, 작은 일을 직감적으로 결정하는 경험이 쌓여 큰 결정도 할 수 있게 되는 것입니다.

직감적인 작은 결정을 반복하고 즐기는 마음으로 결단력을 단련시킬 수 있는 게임을 소개해 보겠습니다. 제가 초등학생이었을 때 유행했던 놀이가 있습니다. 바로 '스피드 게임'

입니다. 친구와 함께 패션잡지를 무작위로 펼쳐서 나온 페이지에 실린 코디법 중에서 맘에 드는 스타일을 '찜!'하고 말하는 게임입니다. 먼저 말하는 사람이 이기는 게임이라, 서로가 다른 스타일을 선택한 경우에는 각자 그 이유를 한마디로 말하고 다음으로 넘어간다는 규칙도 있었습니다. 즉, 누구의 결정 속도가 빠른지 경쟁하고 다른 선택을 한 경우에는 그 이유를 공유하는 것입니다. 정신 차릴 틈 없이 빠르게 진행되는 게임이었지만, 이 경험이 조그마한 일에도 의식을 집중해서 결정하는 힘을 기르는 데 도움이 되었다고 생각합니다.

감성적인 사람은 결정이 빠르고 자신의 판단 기준을 알고 있습니다. 그것은 사소한 일이라도 '이유를 가지고 결정하는' 습관이 있기 때문이 아닐까요? 앞에서 말한 게임은 하나의 예에 불과하지만 실제 인생도 그와 비슷하게 선택해야 할 것들의 연속입니다. 어떤 옷을 입을까, 어떤 구두를 신을까, 무엇을 먹을까 등 일상은 작은 선택들로 가득합니다. 그래서 일상에서도 쉽게, 명확한 이유를 가지고 선택하는 연습을 얼마든지 할 수 있습니다.

'사람들이 하니까', '요즘 유행하는 것이라서', '어쩌다 보니' 같은 불명확한 선택이 아닌, 자신이 선택한 이유를 자각하는 습관을 가져 보길 바랍니다. 그러다 보면 지금 자기 자신에게 필요한 것은 무엇인지, 무엇을 선택하고 누구를 만나야 하는지 선택지가 많은 상황에서도 당황하지 않고 현명하게 결정할 수 있습니다. 오늘부터 '결정하기 연습'을 시작해 봅시다.

습관 툴.

목적지를 정하지 않고
걸어 보기

누구나 인생을 살아가면서 자기만의 목적을 설정하고 그 꿈을 이루기 위해서 열심히 생활합니다. 하지만 정해 둔 목표를 향해 앞만 보고 나아가는 것이 과연 꿈을 이루는 가장 빠른 길일까요? 그것이 정답이라면 우연한 만남과 예상 밖의 발견은 인생에서 불필요하고 거추장스러운 일이겠지요. 하지만 그렇지 않습니다.

우연한 즐거움과 결정하는 연습을 위해 산책할 때 목적지를 정하지 않고 그때그때의 감정이 이끄는 대로 방향을 정해 보면 어떨까요?

제 운명의 문은 항상 예상치 못한 사건들과 만남을 통해서 열렸습니다. 저는 이십 대에 신기한 경험을 했습니다. '모든 신들의 고향'이라고 불리는 오키나와의 쿠다카지마섬을 방문했을 때의 일입니다. 외지인들에게 관대한 쿠다카지마지만, 일반인은 볼 수 없는 제사가 있고, 해수욕이 가능한 바다도 한 군데밖에 없습니다. 그 외의 해안은 성지聖地라 입수가 금지되어 있습니다. 섬 자체가 성지기 때문에 정숙한 마음가짐으로 방문해야 하는 곳입니다.

출입금지 지역을 잘 파악한 후에 산책에 나섰던 저는 우연히 이끌리듯 어느 오솔길을 발견했습니다. '나를 여기로 부르고 있구나.' 이런 직감을 따라 오솔길을 걸어갔더니 계단이 나왔고, 그곳으로 내려가니 앞에 커다란 동굴이 모습을 드러냈습니다. 동굴 속에는 바다로 통하는 작은 구멍이 있어서 그 구멍을 통해 들어오는 빛이 동굴 안을 아름답게 비춰 주고 있었습니다. 조금 무서운 기분도 들었지만 용기를 내어 발을 내딛은 후 그 작은 구멍을 통해 바다로 나갔습니다. 그곳에는 S자 모양으로 뻗은 해안선이 펼쳐져 있었습니다. 한 번도 본 적 없는 조개껍질과 산호가 밀려와 쌓여 있는, 너무나도 아름다운 해안에 도달한 것입니다. 그 아름다움에 경도되어서 아쉽게도 사진을 찍을 생각조차 하지 못했습니다. 그러나 말로 표현할 수 없을 정도로 아름다웠던 풍경은 지금도 마음속에 선명히 남아 있습니다.

그때 목적지를 정하고 걸었다면 아마도 그 오솔길을 발견하지 못했을 겁니다. 생각지 못한 선택지가 나타났을 때 자신의 감각을 믿고 걸어가다 보면 때때로 예상치 못했던 광경을 만나게 될 수 있습니다. 거주 중인 동네는 이미 잘 알고 있다고 생각할 수도 있지만 한번 목적 없이 직감으로 결정한 길을 걸어 보세요. 완벽한 석양이나 아름다운 돌, 멋진 사람들의 생활, 그리고 사람과의 우연한 만남과 발견이 기다리고 있을지도 모릅니다. 그런 결단과 만남이 감성의 양분이 될 것입니다.

콤플렉스 극복해 보기

작은 결정을 내리는 것에 익숙해지면 마음속에 '중심'이 하나 만들어집니다. 판단과 결정을 할 때의 기준 같은 것이 되겠지요. 그 중심을 기준으로 결정해 가다 보면 그 중심이 보다 확실한 윤곽을 드러내면서 자신감을 키워 줍니다. 하지만 자신의 중심을 기준으로 결정하려고 해도 무의식중에 선택지를 좁혀 버리는 요소가 있습니다. 그것은 콤플렉스입니다.

　여러분에게도 콤플렉스가 있나요? 서툰 것, 도전했다가 실패한 것, 지금도 여전히 슬며시 피하게 되는 것이 있지 않은가요? 그런 콤플렉스로 인해 선택지가 좁아져 버리면, 자기의 본심에 귀 기울여 결정하기가 매우 어려워집니다. 무한한 가능성을 좁히고 있을지 모를 콤플렉스를 극복하고 다양한 선택지를 만들어 선택하는 습관을 키워 봅시다.

저는 생선 손질이 서투른 것이 콤플렉스였습니다. 그런데 코로나19를 겪으며 지난 한 해를 주로 집에서만 지내다 보니 어느덧 생선 손질을 잘할 수 있게 되었습니다. 그리고 생선을 손질하는 방법을 습득하게 되니, 세상을 보는 눈이 갑자기 조금 달라졌습니다. 생선을 한 마리 단위로 살 수 있는 선택지가 생겼기 때문입니다.

생선 한 마리를 통째로 사면 몸통은 회나 구이로 하고, 남은 생선 대가리와 뼈는 탕을 끓일 수 있어 그날 먹을 요리의 선택지가 넓어졌습니다. 당연히 할 수 있는 요리도 늘어났습니다. 여기에 더해, 칼의 종류와 관리에도 신경을 쓰게 되었습니다. 어쩌면 머지않은 미래의 어느 날에는 칼 전문점에 들러 숫돌을 구매해서 집에서 칼 갈기에 도전할지도 모르겠습니다. 선택할 수 있는 세계가 단번에 늘어난 것이지요.

그리고 오래달리기를 잘 못한다는 콤플렉스도 있었는데, 2012년 교토 마라톤에서 풀코스를 완주하면서 극복했습니다. 그러자 또 일상이 달라 보였습니다. '회사 일과 집안일로 힘들 때는 아무 생각 없이 일단 뛰어 보자'는 선택지가 생긴 것이지요. 콤플렉스를 짊어진 채로 살았더라면 '생선 요리는 식

당에서 사 먹는 것'으로, '고민이 있을 때는 술과 오락으로 푸는 것'으로만 생각하는 좁은 선택지 속의 '결정'만 가능했을 것입니다.

당연한 말이지만 결정은 여러 가지 선택지가 있어야 가능한 일입니다. 어려운 선택지에서 등을 돌리고 지금까지 해오던 대로, 다른 사람이 말하는 대로만 따라 한다면 그것은 결정이라 할 수 없습니다. 또 그렇게 해서는 결단력이 키워지지 않습니다. 여러분이 피해 온 것은 무엇인가요? 콤플렉스를 극복하면 선택지가 늘어납니다. 몇 개의 선택지를 두고 그중에서 선택해 보려는 노력을 한다면 판단의 기준으로 작용할 감성도 더욱 단단해질 것입니다. 여러분도 오늘부터 극복하고 싶은 무언가에 도전해 보는 것은 어떨까요?

습관 넷.

'하지 말 것 리스트'를
작성해 보기

앞에서 '선택지를 늘리는' 것의 중요함에 대해 이야기했습니다. 하지만 때로는 '선택지가 너무 많아서' 어려움을 겪기도 합니다. 이로 인해 선택하기 어려운 상황에 놓인다면 할 일을 정하기 전에 하지 않을 일부터 결정해 보는 것이 좋습니다. 흔히 그날의 할 일을 정리하는 '해야 할 일 리스트'를 써두는 사람은 많을 겁니다. 그러나 그 반대인 '하지 말 것 리스트'를 만들어 본 사람은 드물 것입니다.

인생에서 하고 싶은 일들과 바라는 점들을 정리한 것을 '버킷 리스트'라고 하지요. 그것을 만들기 전에 저는 항상 '하지 말 것 리스트'를 먼저 만듭니다. 이 하지 말 것 리스트는 바꿔 말하면 '내 인생에서 지우고 싶은 리스트'입니다. 예를 들어 '세탁물 건조'나 '연애 때문에 괴로워하기' 같은 것들입니다. 어쩔 수 없이 의무감으로 하게 되는 '하고 싶지 않지만 해야만 하는 일', '언젠가 끝내고 싶지만 아직은 계속할 수밖에 없는 일' 들을 써 내려가 봅시다.

하지 않을 일을 결정하는 것은 사실 할 일을 결정하는 것 이상으로 중요합니다. 왜냐하면 타인의 가치관과 의무의 영향을 받으면서 결단을 반복하다 보면 어느새 자신의 중심이 사라지기 때문입니다. 이 리스트를 써두면 '하고 싶다'고 생각한 일이 사실은 의무감 때문에 '해야만 하는' 부담스러운 것이었음을 깨닫게 됩니다. 성실하고 근면한 사람일수록 생활에 의무가 가득하고, 그것을 좇다가 인생이 흘러가 버리기 쉽습니다. 그러면 자신의 꿈을 위해 매진할 수 없는 것은 물론이고, 오히려 의무를 '자신이 원하는 것'이라고 착각하면서 결단의 대상이 완전히 뒤바뀌고 맙니다. 한번 자신의 욕망을 모두 꺼내어 정리하고 본심을 재발견할 필요가 있습니다. 즉 내가 진짜로 하고 싶은 일이 무엇인지 알고 의무와 구별해야 합니다.

'하지 말 것 리스트'를 정리하고 노트에 써보았다면 버킷 리스트도 새로 써봅시다. 분명 '인생에서 정말 소중히 하고 싶은 일'들만 적게 될 것입니다. 예를 들면 제 버킷 리스트에는 '영국의 빅토리아 앤드 앨버트 미술관에서 전시회를 연다', '뉴욕에 거점을 만든다', '개를 키운다', '복근을 만든다' 등의 다양한 희망 사항이 적혀 있습니다. 여기에 '해야만 하는 일'은 일절 쓰여 있지 않습니다. 버킷 리스트는 여러분만의 성역입니다. 읽는 것만으로 가슴 뛰게 하는 꿈들을 자유롭게 써보길 바랍니다.

'하지 말 것 리스트'는 '하고 싶은 일을 못 찾겠다'고 느끼는 사람에게도 효과적입니다. 그 이유는 욕망을 끊고 집착에서 벗어나 머릿속에 여유가 생기면 '하고 싶은 일'을 생각할 여지도 생기기 때문입니다. 금방 머릿속에 떠오르지 않더라도 리스트를 써 내려가는 동안 분명 자신 안에 감춰져 있던 작은 소망들이 모습을 드러낼 것입니다. 그 소망을 소중히 하며 선택하고 결정해 가기를 바랍니다.

타인과 사회의 요구, 조직, 의무라는 외부 요인에 의한 선택은 감성을 따르는 선택과는 정반대의 것입니다. 자신이 '하고 싶은 일'과 '하고 싶지 않은 일'에 대해 항상 자각하면서 결정하는 습관을 키울 때, 삶의 기준이 되는 중심과 감성도 성장할 것입니다.

'나의 100년사'
써보기

앞서 이야기한 '하지 말 것 리스트'와 '버킷 리스트'는 어디까지나 '현재'의 소망을 정리하는 것입니다. 현재를 정리했다면 이제 인생이라는 '긴 여정'을 바라보면 어떨까요.

100세 시대라고 하지만 그래도 삶에는 여전히 많은 불안 요소가 함께합니다. 몇십 억이 있다고 해도 인생은 불안할 뿐입니다. 과거와 비교해 봐도 아무것도 달라지지 않았습니다. 그런 불안 요소들이 늘 함께하는 것이 바로 세상사입니다. 살아가는 동안에는 즐거운 일도 있고 힘든 일도 있습니다. 이런 세상에서 자기도 모르게 '불안'과 '현실'을 전제로 한 결단을 내리진 않았나요?

100년이나 살아야 한다는 것이 불안의 요인이 될 수도 있지만 달리 보면 하고 싶은 일을 할 수 있는 시간이 충분하다는 이야기도 됩니다. 그러니 내면에 숨어 있는 감각과 소망을 써 내려가 봅시다. 긍정적인 미래를 만드는 일들을 생각하기 위해 과거, 현재, 미래가 담겨 있는 '나의 100년사'를 써보는 것입니다.

저는 몇 년 전부터 '앞으로의 새로운 활동을 만드는 세계문고 아카데미'라는 학교에서 '나의 100년사'를 만드는 워크숍을 진행해 왔습니다. 이 워크숍은 매년 25명씩 네 그룹이 참가합니다. 저는 3년간 이 워크숍을 열면서 총 300명의 100년사를 들을 수 있었습니다. 워크숍에 참가하는 사람들은 남녀노소, 20대부터 60대까지 폭넓었기 때문에 연표가 미래보다 과거 쪽이 더 긴 사람들도 많았습니다. 그러나 그들의 100년사는 모두 가능성으로 가득했습니다.

워크숍의 형식은 간단합니다. 태어난 날부터 100세까지의 연표를 만들고 발표하는 것입니다. 연표는 자유형식이어서 색과 장식을 넣어 예술적으로 만드는 사람, 입체적으로 만드는 사람, 심플하게 표로 정리하는 사람 등 표현 방법도 실로 다양했습니다. 연표를 만들 때 지켜야 하는 규칙은 두 가지였습니다. 그것은 '연표를 크게 만들 것'과 '최대한 자세히 기술하기'입니다.

연표를 크게 만드는 것은 가능한 한 커다란 미래를 그리기 위해서입니다. 간단한 일처럼 들릴 수 있지만, 커다란 미래를 그린다는 것은 어른이 되고 책임감이 늘수록 어려운 일입니다. 아이가 있으니까, 일을 그만둘 수 없으니까, 은행에 빚이 있어서……. 불가능한 이유는 끝없이 나오고, 그런 현실로 인해 꿈을 마음속에 담아 두게 됩니다. 이처럼 현실의 연장선상에서 미래를 생각하다 보면, 더 이상 펜을 움직일 수 없습니다. 그래서 실현이 가능할지 알 수 없어도 일단 지금 가장 이루고 싶은 꿈과 목표를 가벼운 마음으로 툭 던지듯 연표의 '100세' 부분에 쓰는 겁니다.

그다음 100세와 현재 사이를 채워 갑니다. 그 목표를 이루기 위해서 무엇이 필요한지 구체적인 과정을 적습니다. 지금 할 수 있는 일들을 채워 가며 단순히 희망하는 미래를 그리는 것이 아니라, '가장 하고 싶은 것'으로 미래를 그림으로써 현실에 억눌려 있던 감성을 해방시킬 수 있습니다.

'최대한 자세히 쓰기'도 중요 포인트입니다. 뛰어난 감성을 가진 아티스트는 추상적으로 표현하면서도 자신을 손을 통해 구체화된 형상을 끌어내어 그 추상을 현실로 만듭니다. 즉 '구체'와 '추상'을 넘나드는 사고력을 가지고 있습니다.

이런 기회를 통해서 크게 펼칠 수 있는 목표를 자세히 써보는 것입니다. 목표를 추상적인 상태로 놔둔다면 현실에서는 여전히 손에 잡히지 않는 뜬구름 같은 이야기로 머물러, 생각이 다음 단계로 나아갈 수 없습니다. 목표를 구체적으로 써보는 행위로 목표를 달성하기 위한 적극적인 아이디어를 샘솟게 할 수 있습니다.

'아이디어에 센스가 있다'고 느껴지는 사람들은 때때로 엉뚱한 제안을 해서 주위를 놀라게 합니다. 현실적으로 어렵다고 생각되는 아이디어를 계속 쏟아내지만 수많은 조건과 제한을 제거해 가며 생각하다 보면 의외로 그의 아이디어가 가장 좋은 것일 때가 있습니다. 창작자의 세계에서는 이것을 '크리에이티브 점프Creative Jump'라고 부릅니다. 구성이나 제작 중에 실현할 수 있는 아이디어는 어느 정도 예측이 가능한 것입니다. 뛰어난 감성을 가진 창작자는 그런 모든 현실과 제약을 뛰어넘어 가장 좋은 아이디어로 직진합니다. 나의 100년사를 그리는 일은 바로, '인생의 크리에이티브 점프'를 그리는 것이라 하겠습니다.

지금, 여러분의 나이는 잊고 자유로운 발상으로 앞으로의 꿈을 결정해 보길 바랍니다. 물론 지위와 명성만이 만인의 목표는 아닙니다. 생각만 해도 입꼬리가 올라가는 일과 누가 시키지 않아도 몇 시간이든 계속할 수 있는 일, 어떤 사람과 만나고 싶다거나 책을 만들고 싶다거나 무엇이든 좋습니다. 상상의 폭을 크게 넓히고 현실을 뛰어넘는 자유로운 세계에서 결단을 내릴 수 있도록 사고하는 습관을 기릅시다. 그러면 과거의 연장선상에서는 생각할 수 없었던 뜻밖의 미래에 도달하게 될지도 모릅니다. 미래를 결정하는 것은 과거도 아니고 현재도 아닌, 나 자신입니다. 여러분도 100년사를 그려 보며 감성을 해방시켜 무한한 가능성으로 미래를 창조해 가길 바랍니다.

습관 여섯.

사회참여 의식 가져 보기

결정하는 습관의 마지막은 살아가는 방식을 결정하는 것에 대해 이야기해 보려고 합니다.

'앙가주망engagement'이라는 말이 있습니다. 20세기 프랑스를 대표하는 철학자, 장폴 사르트르가 제창한 말로 '참가'나 '구속'을 뜻하는 프랑스어입니다. 보통 '사회 참가'로 번역되는데 '책임감을 가지고 주체적으로 선택하고 행동하며 사는 것'을 의미합니다. 여기서 책임감을 가진다는 말은 자기 자신이 아니라 사회에 책임감을 가진다는 의미입니다. 진로나 결혼 같은 개인적인 결정만을 의미하는 것이 아닙니다. 물건을 사고, SNS에 글을 게시하는 모든 일상에서 자신이 서 있는 위치를 바라보면서 그 선택과 결단에 이르는 모든 것이 사회에 영향을 미친다(그럴지도 모른다)는 책임감을 느끼며 행동하는 것입니다.

젠더 갈등, 빈곤, 빈부 격차, 종교 갈등 등 세상에는 수많은 사회 문제가 있습니다. 그 문제들을 '내 역량과 관계없는 일'이나 '누군가가 대신해서 해결할 일'로, 자신의 외부 현실로 인식하는 사람이 많을지도 모릅니다. '내가 소리 높여 주장해도 누가 들어줄 리 없잖아', '그것보다는 먼저 나 자신과 주변 사람들을 소중히 하고 싶어'라는 의견도 이해할 수 있습니다. 하지만 세상의 모든 일은 연결되어 있습니다. 모든 결과에는 원인이 있고, 개인의 사사로운 행동도 어떤 결과를 만드는 원인 중 하나가 될 수 있습니다.

예를 들어, 선거는 민주주의의 근간입니다. 투표율이 낮은 일본에서는 '국가와 정치는 나 한 사람이 바꿀 수 있는 것이 아니다'라고 느끼는 사람들도 많습니다. 그렇지만 실제로 정치인을 선출하는 주체는 국민 한 사람 한 사람입니다. 저는 지금까지 투표에 빠지지 않고 참여해 왔습니다.

다른 예로 결혼제도에 반감을 가지고 사실혼을 선택한 사람이 있다면 그 선택과 결단 자체가 세상에 의사를 표시한 것입니다. 저도 제가 만드는 작품뿐만 아니라 아티스트로서 제 삶의 방식 자체가 사회에 영향을 미치고 있다고 생각하며 활동하고 있습니다.

저는 몇 년 전 싱글 맘이 되었습니다. 당사자가 되고 나서야 보이는 세계가 있습니다. 지금은 싱글 맘 입장에서 그들의 문제를 사회에 전달하고 있습니다. 그리고 육아는 가장 적극적인 사회 참여이며, 언젠가 사회의 구성원이 될 사람을 잠시 맡고 있다는 생각으로 제 아이를 바라보고 있습니다.

개인이 SNS에서 자유롭게 자기 의견을 얘기하는 세상에서는 일반인의 '행동'과 '말 한마디'도 때때로 유명인의 그것과 같은 위력으로 확산되어 큰 영향을 미칠 가능성이 있습니다. 말로 자신의 철학을 세상에 전하는 기회가 되는가 하면 누군가를 상처 입히거나 구하는 수단이 되기도 합니다. 세상에서 일어나고 있는 현상은 항상 개개인과 연관되어 있고 개개인도 세상과 이어져 있습니다. 모든 선택과 행동을 책임감 있게 생각하고 결단해야 합니다. 세간의 평가에 휩쓸려 발전 없는 커리어를 선택하거나 사회의 압력에 못 이겨 억지로 결혼을 선택하는 것이 아니라 인생의 당사자로서 주체적으로 생각하고 선택해 나가야 합니다.

사회 문제를 자신과 직결된 일로 인식하고 모든 선택에 책임감을 가지는 것은 쉬운 일이 아닙니다. 하지만 사회에 만연해 있는 분위기나 압력에 굴하지 않고 그 결단에 책임을 가지고 선택하고 행동함으로써 마음에 든든한 중심 하나가 자리 잡을 것입니다. 여러분의 윤리와 철학에 기초한 모든 행동은 분명 강한 설득력을 가지고 당신의 삶을 보여 줄 것입니다. 그런 행동이 여러분을 '감성적인 사람'으로 인식하게 함은 물론이고 밝은 방향으로 이끌어 나아가게 해줄 것입니다. '스스로 생각하고 행동한다. 그리고 주체적으로 살아간다.' 이 이상 감성을 높여 주는 것은 없습니다.

인생은
'감성'을 키워 가는 여행

이 책을 집필하면서 '감성'이라는 말을 다시금 직시할 수 있었습니다. 감성은 지극히 추상적인 말입니다. 그것을 어떻게 구체적인 방법으로 형태화할까 생각하면서 하나씩 말을 엮어가는 작업은 새삼 '감성'이란 것을 생각해 보는 소중한 시간이었습니다. 마지막으로 여러분이 생각해 주었으면 하는 점이 있습니다.

'잘 키워진 감성을 이용해 당신은 어떻게 살고 싶은가요?'

이 책에서 권한 습관들은 지금부터 바로, 간단히 시작할 수 있는 일입니다. 하지만 '아는' 것과 '행동하는' 것 사이에는 커다란 차이가 있습니다. 그리고 이 습관 하나하나를 실천한다고 해서 바로 인생을 바꾸기는 어려울 수도 있습니다. 그 이유는 이 책이 표면적인 감성을 배양해 세련된 사람처럼 보이기 위해 쓴 것이 아니기 때문입니다.

감성이란 살아가는 방식 그 자체입니다. 자신을 믿고 타인을 사랑하고 자신의 인생을 선택해 가는 기초가 되는 것이 감성입니다. 세상에는 보고 있지만 보이지 않는 것이 얼마나 많은지 모릅니다. 해보자는 마음만 가지고 행동에 옮기지 않는 것. 자신이 선택한 것 같지만 사실은 선택에 내몰린 것. 그런 일들은 또 얼마나 많을까요?

정답이 없는 것을 결정하는 일은 큰 각오와 책임이 따릅니다. 누구나 시작할 때 최종적으로 도달할 곳을 알지 못하고, 사고방식과 시대도 미래로 향하면서 달라집니다. '절대'라는 것은 존재하지 않습니다. 하지만 늘 자신의 감성으로 결단하고 행동하는 것은 설혹 그 결과가 예상과 달라지더라도 반드시 이후의 삶에서 스스로에게 커다란 자신감이 되어 돌아올 것입니다. 결단을 내린 일로 만에 하나 실패하더라도 그것은 양분이 되어 '좋은 경험'이 됩니다. 실패를 실패가 아닌 것으로 만들어 미래를 창조할 수 있습니다.

저는 우연히 교토라는 역사적인 도시의 도예가 집안에서 태어났습니다. 또한 수만 년이라는 긴 시간 동안 지구상에 존재해 온 '도자기'라는 소재를 사용하는 직업에 도달했습니다. 그래서 제가 태어나기 훨씬 전의 시대부터 제가 죽고 난 후의 시대까지를 상상할 수 있었습니다.

100세 시대라 일컫는 앞으로의 시대. 오래 사는 만큼 삶에서 선택해야 할 것들은 과거보다 늘어날 것입니다. 하지만 생각에 필요한 시간이 늘어나는 것과는 반대로 시대는 급변하고 있습니다. 감성을 높이고 날카롭고 민첩하게 세상일을 결정해 가는 힘은 앞으로의 시대를 살아갈 우리에게 꼭 필요한 능력일 것입니다.

함께 사는 사람, 함께 일하는 사람, 앞으로의 인생에 가지고 갈 것, 내려놓고 갈 것 들을 냉정하고 정확하게 취사선택하는 동시에 애정어린 시선으로 세상을 바라보는 것. 얼핏 상반되는 것처럼 보이는 행동이 지금을 살아가는 여러분의 존재를 단단하게, 그리고 여러분의 인생을 깊게 만들어 줄 것입니다.

'감성'을 키우는 것은 쉬운 일이 아닙니다. 이 책에서 언급한 습관은 매일의 노력이 쌓여 만들어지는 것이며, 감성을 키우는 여행은 목숨이 다할 때까지 끝나지 않습니다. 이 책이 여러분의 일상 습관을 서서히 변화시켜 감성이 풍부한 사람이 점점 늘어나고, 감성적인 사람들이 만들어 가는 세상이 더 행복해진다면 대단히 기쁠 것입니다.

저 또한, 여전히 감성을 키우는 여행의 한가운데에 있습니다.

힙하지 않고
인싸도 아니지만

나만의 감성을 찾는
사소하고 확실한 습관들

초판 1쇄 인쇄 2022년 9월 27일
초판 1쇄 발행 2022년 10월 5일

지은이 쇼코(SHOWKO)
옮긴이 오나영

대표 장선희 **총괄** 이영철
책임편집 한이슬 **교정교열** 김현희
기획편집 이소정, 정시아, 현미나
디자인 김효숙, 최아영 **외주디자인** 여만엽
마케팅 최의범, 강주영, 이동희, 김현진
경영관리 김유미

펴낸곳 서사원 **출판등록** 제2021-000194호
주소 서울시 영등포구 당산로54길 11, 상가 301호
전화 02-898-8778 **팩스** 02-6008-1673
이메일 cr@seosawon.com
블로그 blog.naver.com/seosawon
페이스북 www.facebook.com/seosawon
인스타그램 www.instagram.com/seosawon

ⓒ쇼코(SHOWKO), 2022

ISBN 979-11-6822-102-4 03190

• 이 책은 저작권법에 따라 보호를 받는 저작물이므로 무단 전재와 무단 복제를 금지합니다.
• 이 책 내용의 전부 또는 일부를 이용하려면 반드시 저작권자와 서사원 주식회사의 서면 동의를 받아야 합니다.
• 잘못된 책은 구입하신 서점에서 바꿔드립니다.
• 책값은 뒤표지에 있습니다.

서사원은 독자 여러분의 책에 관한 아이디어와 원고 투고를 설레는 마음으로 기다리고 있습니다. 책으로 엮기를 원하는 아이디어가 있는 분은 이메일 cr@seosawon.com으로 간단한 개요와 취지, 연락처 등을 보내주세요. 고민을 멈추고 실행해보세요. 꿈이 이루어집니다.